René Schickele

W0061466

Überwindung der Grenze

Essays
zur deutsch-französischen
Verständigung

herausgegeben von Adrien Finck

Morstadt

Die Erzählungen bis auf ,,August", als Buch bisher
unveröffentlicht, sind mit freundlicher Genehmigung
des Verlages Kiepenheuer & Witsch, Köln. Entnommen
aus: René Schickele, Werke Band III, 1959.

© 1987 Morstadt Verlag Kehl Strasbourg Basel
Verlagsort: Kehl
Gesamtherstellung: Druckerei Morstadt, Kehl

ISBN 3-88571-166-4

Inhalt

René Schickele auf der Rheinbrücke um 1930.

Vorwort des Herausgebers

> *„Sein Herz trug die Liebe und die*
> *Weisheit zweier Völker"*
> *Kasimir Edschmid*

Der 1883 im damaligen „Reichsland Elsaß-Lothringen" geborene Elsässer René Schickele begann am Anfang unseres Jahrhunderts im Zeichen des Jugendstils und gehörte schon vor dem 1. Weltkrieg zur Avantgarde der deutschen Literatur. Als Herausgeber der Zeitschrift „Die weißen Blätter" war er dann während des Krieges einer der führenden Namen des Expressionismus, der engagierten und pazifistischen Tendenz dieser geistigen Bewegung. 1918 wurde er als Elsässer französischer Staatsangehöriger. In der biographischen Notiz zur „Menschheitsdämmerung", der 1920 von Kurt Pinthus herausgegebenen und inzwischen historisch gewordenen Anthologie expressionistischer Lyrik, vermerkte er mit charakteristischer Ironie: „Gestern deutscher, heute französischer Staatsangehöriger: ich pfeife darauf." Er fügte bedeutsam hinzu: „Immerhin gehöre ich zur deutschen Literatur."
Der „citoyen français und deutsche Dichter", wie er sich selbst bezeichnete, ließ sich in Badenweiler nieder, geistig über den nationalen Grenzen, und er war einer der anerkannten Schriftsteller der Weimarer Republik, wurde er doch 1926 (trotz seiner französischen Nationalität) in die

,,Preußische Akademie der Künste" gewählt, zusammen mit Thomas und Heinrich Mann, Hermann Hesse, Alfred Döblin, Franz Werfel, um nur einige ,,große Namen" zu nennen. Er war aber vor allem Europäer, und zwar zu einer Zeit, in der es nicht leicht war, Europäer zu sein. Als seine ,,elsässische Mission" erkannte er die Vermittlerrolle zwischen Frankreich und Deutschland. In diesem Sinn schrieb er die weitgespannte Romantrilogie ,,Das Erbe am Rhein" sowie zahlreiche Essays.

Als dann die ,,mehrjährige Sonnenfinsternis" hereinbrach, verließ er — schon im Herbst 1932 — sein Haus in Alemannien und fand in Südfrankreich einen letzten Zufluchtsort. Immerhin gehörte er zur deutschen Exilliteratur. Zugleich fand er zu seinem französischen Erbteil zurück, und mit seinem Erinnerungsbuch, das den bezeichnenden Titel ,,Le Retour" trägt, wandte sich der von Kindheit an Zweisprachige dem Französischen zu, der Sprache seiner frankophonen Mutter. Schickele mußte schmerzlich erleben, daß die Möglichkeit der deutsch-französischen Vermittlung durch den Nationalsozialismus zerstört wurde. ,,Früher konnte ich mir einreden, eine Mission zu haben. Gegen Lügenpest und Kriegsflugzeuge können wir nichts ausrichten", schrieb er 1935 an Annette Kolb. So blieb ihm nur die ,,Flaschenpost", die Hoffnung, daß die Botschaft in späteren Zeiten gefunden und gelesen, wiederaufgenommen und vielleicht verstanden wird. Er starb 1940 in Vence, in einem durch den Weltkrieg zerrissenen Europa.

Ist Schickeles Zeit endlich gekommen?

Seltsamerweise gehört er heute zu den Verkannten der deutschen Literatur. In den Literaturgeschichten wird er meistens nur am Rande vermerkt, und doch stand er lange und deutlich im Mittelpunkt des literarischen Lebens. Gewiß, es ist in den letzten Jahren zu Einzeluntersuchungen gekommen, die sein Bild gerechter hervortreten lassen, und zwar besonders im Zuge der neueren Jugendstil-, Expressionismus- und Exilliteratur-Forschung, doch hat die Germanistik noch manches nachzuholen. Wir müssen uns die Frage stellen, wie es überhaupt dazu kommen konnte, daß Schickele zu den Verkannten zählt. Das Quasi-Vergessen, dem er zum Opfer gefallen ist, hängt wohl mehr oder weniger zusammen mit der letztlichen Isolierung, zu der ihn das Unglück der Geschichte verurteilte. Das heißt auch, dieses literarische Schicksal hat zu tun mit der schwierigen Situation des Elsässers. ,,Meine Herkunft ist mein Schicksal'', vermerkt er in den ,,Autobiographischen Notizen''.

Schickeles Name ist bedeutsam mit dem ,,elsässischen Problem'' verbunden. Hier liegt immer wieder der Schwerpunkt seiner Betrachtungen. Eindringlich kennzeichnete Thomas Mann das deutsch-französische Doppelwesen des elsässischen Schriftstellers:

> ,,Schickele ist Elsässer, er stammt aus dem Grenzlande, wo zwischen Deutschland und Frankreich die europäischen Geschicke immer hin und her schwankten: das bestimmt seine geistige Erscheinung, die Haltung und Stim-

mung seines reichen, reizvollen Lebenswerkes,
es bestimmt selbst seine persönliche Wirkung,
in der seine Deutschsprachigkeit mit dem kör-
perlichen Typus eines französischen Intellek-
tuellen kontrastiert. . .

Seine Bücher sind innerhalb unserer Prosa
etwas absolut Außerordentliches an Geist und
Grazie, welche ihr französisches Erbteil darstellen, während eine gewisse Naturhaftigkeit,
eine Verbundenheit mit Erde und Landschaft,
die bis zum Panischen geht, als ihre deutsche
Komponente betrachtet werden mag, die seiner Leichtigkeit Tiefe und Schwere, seiner
Geistigkeit oft einen Anflug von Dämonie ver-
leiht. . .

Seine Sprache ist immer etwas wie ein Hoch-
zeits-Carmen zwischen Deutschland und
Frankreich.''

So war das ,,elsässische Problem'' für ihn — wie
er 1926 schrieb — ,,keine provinzielle Angelegenheit, sondern der Prüfstein für die Beziehungen
zwischen Deutschland und Frankreich''. . . Oder
wie es in seiner Rede ,,Erlebnis der Grenze'' 1928
heißt:

,,Auch spreche ich von der Grenze zwischen
Deutschland und Frankreich nicht nur, weil
diese Grenze mein persönliches Schicksal ist
und ich glaube, meinen Blick an dem Schnittpunkt zweier Völker besonders geschult zu
haben. Nein, das Elsaß ist vor allem der Prüfstein für die Aufrichtigkeit des Verhältnisses
zwischen Deutschland und Frankreich, und
dann bin ich davon durchdrungen, daß dieses

Verhältnis entscheidend ist für die Zukunft des Kontinents. . .

Hier war die Reibung zwischen den Völkern, auch ohne ihr Zutun, von jeher am stärksten und ist es noch — spielt doch das Drama hier im Innern eines und desselben Menschen! Hier an der Grenze fällt die Verständigung am schwersten. Hier muß sich zeigen, wie tief sie geht.''

Sein Ziel war Europa: ,,Es schwebt mir etwas vor wie die geistige Wiederherstellung des Reiches Karls des Großen, eines Reiches europäischer Kulturgemeinschaft.'' Hier lag für ihn die Lösung des ,,elsässischen Problems''. In dieser Zukunftsperspektive sah er das Elsaß als ,,Garten der deutsch-französischen Freundschaft'', grenzüberschreitend öffnete sich die alemannische Landschaft zu beiden Seiten des Rheins in ihrer natürlichen Einheit: ,,im großen gegründeten Garten zwischen Vogesen und Schwarzwald, der so eins und unteilbar ist, daß die politischen Grenzen deutlich als eine Fiktion erscheinen.''

Ein anderes poetisches Bild entwickelt diese Idee in mythisch-geographischer Vision:

,,Das Land der Vogesen und das Land des Schwarzwalds waren wie die zwei Seiten eines aufgeschlagenen Buches — ich sah deutlich vor mir, wie der Rhein sie nicht trennte, sondern vereinte, indem er sie mit seinem festen Falz zusammenhielt. Die eine der beiden Seiten wies nach Osten, die andere nach Westen, auf jeder stand der Anfang eines verschiedenen und doch verwandten Liedes. Von Süden

kam der Strom und ging nach Norden, und er
sammelte in sich die Wasser aus dem Osten
und die Wasser aus dem Westen, um sie als
Einziges, Ganzes ins Meer zu tragen. . . und
dieses Meer umschloß die große, von den
jüngsten, unersättlichen Söhnen des Men-
schengeschlechts bewohnte Halbinsel, in die
das zu gewaltige Asien deutlich endet. . .
Europa.''
Auf die historische Durchdringung von französischem und deutschem Wesen im Elsaß hat er
schon zur Zeit des ,,Reichslands'' hingewiesen,
und er hat sich damals gegen die Germanisierung
des Elsaß gewehrt. Dazu ein Zitat aus dem Jahr
1911: ,,Das Elsaß ist ein deutsches Land, das lange zu Frankreich gehört hat. Wir haben viel
Franzosenblut in die Adern bekommen und viel
Franzosenart im Gehirn.'' Dabei ist anzumerken,
daß dies für ihn keine Rassenfrage war, schon
der frühe Schickele hob es hervor: ,,Elsässer wird
ein Charakteristikum, ein psychologischer Begriff für die Wesensart aller geistigen Kinder werden, die gallisches und deutsches Blut nährt. Rein
geistig gedacht.'' Ernst Stadler sprach von
Schickeles Forderung des ,,geistigen Elsässertums''.
Diese Forderung blieb dieselbe nach 1918. So
stellte er sich gegen die französische Assimilationspolitik, deren Methode in der Schule (wie er
1931 in einem Brief bemerkt) zu einer ,,Doppel-
Unkultur'' führt. Es ging ihm darum, die soge-
nannte ,,geopferte Generation'' (die deutschsprachige Generation der vor dem 1. Weltkrieg

Geborenen) zu verteidigen: „Wer möchte ruhig zusehen, wenn man sich anschickt, sie im Ernst zu opfern! Ein solcher Seelenmord ist unannehmbar." Er vergißt aber wieder nicht zu ergänzen, daß für die junge Generation die „völlige Beherrschung des Französischen" unbedingt notwendig ist. Er kann nicht verstehen, warum Paris hartnäckig versucht, „diese Masse geborener Vermittler auszurotten, statt sie für Frankreich dienstbar zu machen", d.h. die elsässische Zweisprachigkeit zu fördern. Wie Schickele vor 1918 dazu neigte, mehr das Französische zu betonen, zu verteidigen, weil damals das Französische gefährdet war, so trat er nach 1918 stärker für das Deutsche ein. In der Rede „Erlebnis der Grenze" erklärt er:

„Der heutige Elsässer will sich nicht nur als französischer Staatsbürger fühlen; er soll Frankreich lieben lernen, ohne Deutschland zu vergessen, und das heißt wohl: dem Deutschen in sich treu bleiben. Es wäre wünschenswert, daß Frankreich davon Gebrauch machte. Jedenfalls gehört das Deutsche zum Wesen des Elsässers."

Fügen wir hinzu, damit alles klar sei, daß Schickeles „geistiges Elsässertum" ja im Grunde nie ein Problem der nationalen Staatsangehörigkeit war, sondern der Zweisprachigkeit, der Doppelkultur, des kulturellen Lebens und (vergessen wir es nicht!) der Demokratie. Zur Zeit des „Reichslands" wollte er die Zugehörigkeit des Elsaß zu Deutschland nicht mehr in Frage stellen: eine Rückkehr zu Frankreich war nur durch einen deutsch-französischen Krieg möglich, und das lehnte er entschieden ab. Nach dem Weltkrieg hat er auch niemals die französische Nationalität des Elsaß in Frage gestellt. 1933 spricht er in seinem „Weihnachtswunsch" von einem „elsässischen Elsaß", das „aus deutschem und französischem Wesen gemischt und unbestritten und unmißverständlich französischer Boden ist." Schickeles Idee des „geistigen Elsässertums" war unzeitgemäß. Wenn wir seine Verbundenheit mit dem Elsaß betonen, dürfen wir dabei nicht vergessen, daß er (freiwillig oder gezwungen) den größten Teil seines Lebens außerhalb des Elsaß verbrachte. Er blieb der „verlorene Sohn". Er blieb der „Fremde". Diesen Titel — „Der Fremde" — gab er schon seinem ersten Roman, und das Schlußkapitel seines letzten Buchs lautet nun auf französisch „L'étranger". Er lebte eigentlich immer im (inneren oder äußeren) Exil, und die politischen Ereignisse führten zu einer immer schärferen Bedeutung dieses „Exils". Schließlich wurden seine Werke im nationalsozialistischen Deutschland verboten — und in Frankreich war und blieb er der „boche". Im patriotischen Elsaß, wo man den deutschsprachigen Dichter als deutschgesinnt darstellte, fühlte er sich moralisch verbannt. Er war nicht Prophet im eigenen Land. Er war lange Zeit im Elsaß „tabu"; es war besser, über ihn zu schweigen. Bis heute bleibt seine Figur mehr oder weniger von Verdächtigungen umgeben. Warum? Weil er zugleich das Französische und das Deutsche im Elsaß verteidigte, weil er für die elsässische Doppelkultur eintrat.

Schickele ist schließlich zwischen zwei Stühle gefallen. Wie es Maxime Alexandre, der Freund
und Zeuge der letzten Jahre, drastisch hervor-
hob: ,,Victime du drame alsacien".
Ist Schickeles Zeit endlich gekommen?
Die notwendigen internationalen Voraussetzungen
zu seinem ,,geistigen Elsässertum" sind heute gegeben, die von ihm zeitlebens angestrebte deutsch-
französische Versöhnung und Freundschaft ist
Wirklichkeit geworden. Seine Tragik war es, in
eine Zeit hineingeboren zu werden, in der die politischen Spannungen sein Lebenswerk erschwer-
ten und zuletzt vereitelten.
Die vorliegende Ausgabe vereint eine Reihe von
Texten zu dieser zentralen Problematik in
Schickeles Leben und Werk. Es handelt sich dabei nur um eine kleine Auswahl aus Schickeles es-
sayistischem Werk, das wohl das historisch Inter-
essanteste seines Schaffens darstellt: Es weist den
Schriftsteller als brillanten Essayisten aus, als kri-
tischen Geist in wacher Auseinandersetzung mit
den Zeitproblemen, oft ironisch, ja scharf sati-
risch, zugleich immer wieder als leidenschaftli-
chen Verteidiger seiner ,,elsässischen Mission"
der deutsch-französischen Vermittlung, und zwar
im Zusammenhang mit seiner demokratischen,
pazifistischen, progressiven Einstellung. Die
Textauswahl, chronologisch geordnet, umspannt
die Zeit seiner späteren Entwicklung (nach dem
1. Weltkrieg), seines reifen Schaffens. Sie ist (mit
Ausnahme des letzten Essays) dem 3. Band der
dreibändigen Werkausgabe aus dem Jahre 1959
entnommen (mit freundlicher Genehmigung des

Verlages Kiepenheuer & Witsch), die längst vergriffen ist, so daß dieses essayistische Werk hier *zum erstenmal wieder zugänglich* wird, wenigstens zum Teil und in Erwartung einer umfassenderen Neuausgabe.

So möge das Bändchen zur erhofften Neuentdeckung Schickeles beitragen! Diese Seiten, obwohl an die Zeitgeschichte gebunden, bleiben interessant durch die geistreich vorgetragene Thematik, die literarische Gestaltung; sie sollten uns auch in der Gegenwart zur Reflexion anregen. Es gibt immer noch ein „elsässisches Problem", oft verdrängt und totgeschwiegen, und die deutschfranzösische „Vermittlungsmission" bleibt für das Elsaß ein bedeutsamer Auftrag. Die „europäische" Aktualität Schickeles ist treffend von Joachim W. Storck zusammengefaßt worden:

„Vieles von dem, was dieser europäische Elsässer, dieser Franzose und deutsche Dichter, erstrebte oder voraussah, ist heute unumstritten, in manchem schon verwirklicht, in vielem aber noch auszubauen, zu sichern, oder erst einzuholen. Der Kronzeugen für die Geschichte und die Mühsal dieses Weges zu einem brüderlichen Europa in einer friedlichen und eines — von uns zu erstrebenden — Tages auch gerechteren Welt sind nicht so viele, als daß wir auf einen solchen Zeugen von der Beispielhaftigkeit und von der Integrität René Schickeles leichtfertig oder auch nur aus Unkenntnis verzichten könnten."

Abschwur

Ich schwöre ab:
jegliche Gewalt,
jedweden Zwang,
und selbst den Zwang,
zu andern gut zu sein.
Ich weiß:
ich zwänge nur den Zwang.
Ich weiß:
das Schwert ist stärker
als das Herz,
der Schlag dringt tiefer
als die Hand,
Gewalt regiert,
was gut begann,
zum Bösen.

Wie ich die Welt will,
muß ich selber erst
und ganz und ohne Schwere werden.
Ich muß ein Lichtstrahl werden,
ein klares Wasser
und die reinste Hand
zu Gruß und Hilfe dargeboten.

Stern am Abend prüft den Tag,
Nacht wiegt mütterlich den Tag.
Stern am Morgen dankt der Nacht.
Tag strahlt.
Tag um Tag
sucht Strahl um Strahl.

Strahl an Strahl
wird Licht,
ein helles Wasser strebt zum andern,
weithin verzweigte Hände
schaffen still den Bund.

Schicksal

Die Elsässer sind zur Abwechslung wieder Franzosen geworden. Die Franzosen stehen auf dem Standpunkt, daß damit alles beim alten geblieben sei, und sie haben recht.

Meine auswärtige Politik, wenn ich so sagen darf, besteht seit jeher darin, daß ich die Lage meiner Heimat, die mein persönliches Schicksal ist, als einen öffentlich wichtigen Fall behandle. Mag, was ich an politischer Einsicht besitze, knapp meine Hand füllen, so ist es doch meine Hand, die Einsicht ist mir nicht vom wechselnden Himmel gefallen, sondern in mir gewachsen, so innig verbunden mit der Wirklichkeit, wie der Saft einer Pflanze mit Erde und Luft, die sie umgeben. Vielleicht ist der politische Wille, mit dem ich geboren bin, nichts als ein mehr oder minder vergeistigter Selbsterhaltungstrieb, ein fanatischer Subjektivismus. Wäre dem so, ich bildete keine Ausnahme in der Kreatur, und es fragt sich nur, wie dieser Selbsterhaltungstrieb sich zu der mich umgebenden Allgemeinheit verhält.

Hier kurz mein Fall.

Geboren und aufgewachsen im himmlischen Garten der Qual zwischen Rhein und Vogesen. Vater Elsässer, alemannischer Winzer an Leib und Seele, Mutter Französin, die fromme Heiterkeit, die Sanftmut selbst. In unserm Rebberg war eine Festung eingewühlt, unterirdische Stadt voll dunkler Drohung. Um diese Hölle zu bauen, hatten sie unseren Kastanienwald enteignet und in drei Tagen umgeschlagen. Jeder Weg führte vor ein mächtiges Gitter, vor dem ein finstrer Soldat mit geschultertem Gewehr stand. Zum Trost sagten sie uns, daß dies die stärkste Festung der Welt sei, und deshalb hieße sie *Feste Kaiser Wilhelm II*. Die Kornfelder in der Ebene bargen zahllose Forts, von denen wir Kinder wußten, daß uns der schwarze Mann holen werde, wenn wir ihnen zu nahe kämen, denn in den großen rechteckigen Maulwurfshügeln, da wohnte er. An der Eisenbahn wechselten mit den Stationsgebäuden und den lustig umblühten Gartenhäusern der Bahnwärter merkwürdig regelmäßige und auch sonst unwahrscheinliche Gruppen von Akazien, Weiden, Birken, jungen Buchen ab. Wenn ein Windstoß sie öffnete, sah man kleine gelbe Schornsteine aus der Erde ragen. Auch diese Listen und Tücken, Batterien und Sperrwerke wußten wir nach ihrem Wert zu schätzen, so bukolisch sie sich gaben. Sie hatten sich zu oft vor uns blamiert im Winter, wenn die Bäume entlaubt waren. Da gesellten sich zu den Schornsteinen graublaue Eisentüren, Lauf- und Wassergräben und Reihen spitzer Eisenstäbe, die durch Stacheldraht verbunden waren, an den Ecken streckten eiserne Igel ihre Speere aus. Wieviel Fremde für uns, schwindelnde Ferne und nächste Feindschaft! Das Seltsamste war, und es griff uns immer wieder ans Herz, wenn in dieser verwunschenen Geometrie Menschen auftauchten, zusammengedrängt und auseinanderlaufend wie steife Insekten. Sie putzten Geschütze und stellten lebende Linien auf rechteckigen Höfen. Vor ihnen hingen zwei, drei Striche im Leeren, die sichtlich die anziehende und abstoßende Kraft des Plus- und des Minuspols in sich vereinigten. Sie schienen uns zur ewigen Einsamkeit verdammt.

In der Schule wurden wir beargwöhnt und gehaßt. Von unserem sechsten Lebensjahre an waren wir Verschworene auf Gedeih und Verderb gegen die Gewalt. Wir übten uns in unsrer einzigen Waffe: dem Spott. Wir verschanzten uns in unsrer einzigen Überlegenheit: der Familie. Sie besaß, war ihr gehörte: den unsäglich schönen Garten von den Vogesen zum Rhein und die ihm entwachsene und in vielen Geschlechtern gepflegte Kunst des Daher- und Dahinlebens. Wir betraten nicht die Festungen der andern aus betonierter Erde, Eisen und befehlerischem Kehllaut, sie nicht die unsern, die im Unfaßbaren zutiefst gefügt im Blauen schwebten. Inzwischen besuchte man die Welt: Europa, und was jenseits an den Ozean grenzt. Kehrte man nach Hause zurück, so stellte man die Fortschritte fest in der Verwüstung unserer Städte durch stupide Ziegelbauten, in die wie durch ein Pumpwerk unaufhörlich Massen fremder Menschen mit Messern und Gewehren hineingeworfen wurden; wunderte man sich von neuem über die jungen Offiziere, diese bewaffneten und korsettierten Pennäler, die in den Bars sich dem Marsch der römischen Legionen anschlossen, in den Bordellen die Völkerschlacht gewannen und auf dem Bummel zwischen Frühschoppen und Mittagessen Kant, Goethe und Beethoven vertraten untadeligen Steißes, gegen den der Säbel schlug mit dem Pendelschlag des Weltgerichts. Punkt zwölf kam die Wachtmusik, aber die Elsässer Mädels konnten sich für den ,,Es-ist-erreicht-Schnurrbart'' der hervorstechenden Figuranten nicht erwärmen. Je mehr Bier die Eroberer tranken, um so vergnügter hielten die Einheimischen sich zu ihrem Wein, unsere Protestanten wurden fast katholisch vor Abneigung gegen die gefrorenen Stockfische auf ihren Kanzeln, die jeden Sonntag die himmlischen Heerscharen zum Appell auf dem Kasernenhofe antreten ließen, um vom König von Preußen die letzten Erleuchtungen entgegenzunehmen. Grabsteingraue Konservative stimmten für den Sozi, weil deren Zeitung einen sächsischen Major des unsittlichen Lebenswandels überführt hatte.

Nirgends wie im Elsaß sah man so deutlich: die unternehmungslustigen Leute können ihre überschüssige Kraft nicht loswerden, sie leben sich nicht recht aus, überall stoßen sie an, sie wissen sich nicht mehr zu helfen. Was soll ein Soldat machen, wenn er sich nicht mehr zu helfen weiß? Krieg.

Sie machten den Krieg. Nicht böswillig, bewahre. Sie brachten das Kind zur Welt, nachdem es ausgetragen war.

So kam es, daß ich, als der Krieg ausbrach, eine Zeitlang nicht wußte, sollte ich mich totlachen oder eine ernsthaftere Todesart wählen.

Da ich jede Nacht meine Mutter mit dem Bajonett aufspießte und in lauter blutige Greuel verwickelt war, deren Geschmack ich am Tage nicht verlor, begann ich Schlafmittel zu nehmen und wurde krank.

Schließlich riß ich nach vorn aus, wie einer das Wesen der Tapferkeit bezeichnet hat, und schlug mich zur Gewißheit durch, daß die Welt diesmal noch nicht unterginge. Wohl aber, endlich und endgültig, die Zeit der imperialistischen Romantik. Die Riesenpyramide, zu der Millionen und Millionen Sklaven die Steine herangeschleppt hatten, Geschlecht um Geschlecht, in abertausend Jahren, sie stand vollendet, und das Blut Isaaks, den der alte Abraham schlachtete, überflutete sie, als stürzte es unerschöpflich aus der Sonne.

Rußland hat seine Gesellschaftsordnung, das übrige östliche Europa die Form seiner Regierung geändert. In meiner Heimat hat nur die Garnison gewechselt.

Die Grenze ist geblieben, wie sie immer die Grenze war, ob das Elsaß im Handel der Parteien nach Osten oder nach Westen geschlagen ward. Bis zum gestrigen Tag schied sie das autokratische Europa vom liberalen. Heute bildet sie die Brustwehr zwischen dem sozialistischen und dem kapitalistischen Europa. Das Elsaß trägt sein Schicksal als das innerste Grenzland unseres Weltteils eine Zeit weiter: wie sich die Verschlingung der Kämpfenden hier immer bis zum Krampf spannte und also nackt ans Licht sprang, so stehen heute ein Proletariat, das die Arbeiter- und Soldatenräte der Revolution gekannt hat, und ein siegreicher Militarismus blitzhell verstrickt und zutiefst verkriegt, bevor noch der erste Donnerschlag gerufen hat.

Wiederum handelt es sich, und diesmal wie noch nie, um den Kampf zweier Weltanschauungen, und weniger denn je um den Besitz eines Territoriums.

Anläßlich des Zaberner Spektakels schrieb ich, als ein preußischer Pole mir zurief, daß die Reihe nun an uns Elsässern sei:

„Die Reihe an uns?

Wann haben wir denn aufgehört, an der Reihe zu sein?

Seit vierzig Jahren wohnt bis über die Augen bewaffnet ein rothaariger Koloß in diesem Land, er hockt auf dem Rand der Vogesen, seine grobgestiefelten Beine in der Ebene, die Rebhügel hinauf kommen und gehen die Jahreszeiten. Er drückt auf das kleine Land wie auf die Mitte einer riesigen Schaukel — ja, und das ist denn auch das berühmte europäische Gleichgewicht. Und es geschieht wenig in der Welt und nichts Wichtiges, ohne daß man hier, wo des Kolosses Stiefel stehn, ein leises oder hartes Schwanken spürte. Ein politischer Seismograph könnte die geringsten Erschütterungen der „Weltlage" verzeichnen. Hier, wo die Absätze auf seinem Leibe drücken, schlägt das Herz Europas am unruhigsten. . . und auch am schmerzhaftesten. Ist es ein Wunder, wenn da jeder elsässische Bauer ein Europäer wenigstens insofern ist, als er darauf schwört, mit ihm könnte zugleich Europa geholfen werden? Der Reisende kann sich in jeder Dorfkneipe sagen lassen, daß die Deutschen und

die Franzosen nur zusammenhalten brauchten, damit — nun, damit endlich Ruhe ins Land käme und außerdem mehr Sicherheit in die europäischen Verhältnisse. Daß sie nebenbei für die allgemeine Abrüstung schwärmen, versteht sich von selbst. Sie möchten Gewicht und Geruch jener Stiefel von märchenhaftem Umfang los sein!"
Davon habe ich heute, nachdem die einen Stiefel vor den andern davonmarschiert sind, nichts zurückzunehmen — und nur hinzuzufügen, daß die Notwendigkeit einer Verständigung zwischen Deutschland und Frankreich im selben Maße gewachsen ist, wie sich mit jedem Schlag und Gegenschlag im Verlaufe des Krieges und mit jeder Zuckung der Nationen und Klassen im nachkriegerischen Europa die Alternative zugespitzt hat: gemeinsamer Untergang oder gemeinsamer Neubau, Abdankung vor der Barbarei, in die Not und Verzweiflung uns stürzen könnten, oder gemeinsame Übernahme der Führung in Europa aus dem Chaos in Ordnung. Es gibt aber keine Ordnung, als die einer freiwachsenden Gemeinschaft, eines Sozialismus mit hellem, friedlichem Menschengesicht.

Das ewige Elsaß

> Hier wächst lieblicher Wein
> auf sonnegesegneten Hügeln.
> *Philesius (15. Jahrhundert)*

> Die elsässische Wurzel wird
> immer wieder ausschlagen.
> *M. Barrès*

I

Ich fürchte, ich werde nie müde werden, von meinen Elsässern zu erzählen, von jenen Menschen, die Goethe Bewohner eines Paradieses genannt hat und die in der Tat so ausgiebig wie kaum ein anderes Volk vom Baum der Erkenntnis gegessen haben, von jener merkwürdigen Gesellschaft, über die sich nachdenkliche Leute diesseits des Rheins schon lange den Kopf zerbrechen. Auch die Elsässer selbst waren von jeher eifrig mit der Frage beschäftigt, wohin sie nun eigentlich gehörten, ob zu Frankreich oder zu Deutschland oder zu keinem von beiden. Wie lange ist es her, daß zwei bedeutende Schriftsteller sich deswegen in die Haare gerieten und dabei einen Lärm verursachten, daß alle Wölfe der Literatur ganz entsetzlich mitheulten und das gelehrte Europa auf Jahre in Aufregung geriet?
Erst vier Jahrhunderte!
Die beiden Schriftsteller hießen Wimpfeling und

Murner, und das beste Buch Murners trägt den bezeichnenden Titel: *Die Schelmenzunft!*

Als man im Elsaß noch stritt, wohin man gehörte, standen schon französische Truppen marschbereit hinter den Vogesen. So war es, so blieb es. Immer lauerten Armeen hinter diesem Streit.

Komischerweise vergessen wir nichts leichter als die Kanonen in unserm Rücken. Sonst würden wir uns wohl etwas vorsichtiger aufführen. Wer kann denn auch wissen, wann sie losgehn? Und wie es auch kommen mag, wir stehn dicht vor den Mündungen.

Vielleicht ahnen wir es aber doch und zeigen deshalb soviel Galgenhumor. Von allem Anfang unsrer Zweifel an, wohin wir gehören, geht die Narrenpritsche im Elsaß von Hand zu Hand, über Geiler von Kayersberg, Fischart, Brant, Moscherosch, Grimmelshausen bis auf den heutigen Tag. Als es bei uns weit und breit keine druckreife Literatur mehr gab, blühte noch immer die Satire im Dialekt, die Scharmützel von Mund zu Mund fanden kein Ende.

Sie bilden eine einzige, große Schelmenzunft, meine Elsässer, und wenn man es sich recht überlegt, konnten sie wirklich nichts Besseres tun, als sich ihrer guten Laune zu wehren. Sie haben nie einen eigenen Staat gebildet, sind nie ihre eigenen Soldaten gewesen, ihre Sonderart ist ebenso beständig wie schwer faßlich für den Fremden, der als Eroberer zu ihnen kommt, während arglose Zugewanderte ihr auffallend schnell erliegen. Viele bedeutende Elsässer waren Eingewanderte oder Söhne von Eingewanderten. Nichts unterscheidet sie von den andern, sie sind so elsässisch wie nur irgendein Eingesessener. Und darum soll auch, damit ihnen endlich Gerechtigkeit widerfahre, zum Schluß dieser Betrachtung einer von ihnen ausführlich gefeiert werden.

Nein, sie konnte sich von je nur mit geistigen Waffen helfen, die kleine Landschaft voll Menschen zwischen zwei großmächtigen Völkern. Im übrigen waren sie von je und blieben die Beute des Siegers. Das Schlimmste: nicht nur wurden diese Kämpfe auf ihren Rücken ausgefochten, sie mußten auch noch selbst daran teilnehmen, und zwar immer unter dem Befehl des Siegers von gestern — was eine ganz unwillkommene Abwechslung ergab. Ein Grund mehr, und zwar ein saftiger, sich an die Tröstungen der Schelmenzunft zu halten.

Ich liebe sie zärtlich, meine Elsässer, von denen jede Generation mit blutigen Köpfen von einer fremden Walstatt heimkehrt und die ihre Toten auf allen Schlachtfeldern Frankreichs und Deutschlands liegen haben. Sooft ich in der Welt den Klang ihrer Sprache höre, fahre ich auf, als ob mich jemand beim Namen riefe. Aber ich bin heute entschlossen, uns nicht tragisch zu nehmen, ich bleibe so in der Tradition, auch ich habe gefunden: die Wahrheit kommt ohne Schrei zur Welt.

Vor mir liegt das Gutachten des Basler Germanisten Hoffmann-Krayer über die Frage: ,,ob und wieweit für die Bevölkerung des Elsasses der Begriff der Minderheit innerhalb des französischen Staatskörpers angewendet werden kann." Natürlich bejaht der Professor die Frage, und mit Recht. Die Sprache der Elsässer ist alemannisch, ihre Literatur ist deutsch, Sagen und Gebräuche hat das Elsaß gemein mit andern deutschen Gebieten. In dieser Sache ist ein Historiker so gut wie der andre. Ich halte mich an Professor Hoffmann-Krayer, weil sein Gutachten mir auf den Tisch flog, als ich mich gerade hingesetzt hatte, um diese Seiten zu Papier zu bringen. Der Gelehrte zählt also im einzelnen die Argumente auf, die wir und wie wir sie kennen. Ich wiederhole sie schnell und setze dabei gleich hinter jedes meinen Einwand. Denn meine Absicht ist, darzutun, es habe von Anbeginn ein eigenartiges, niemals ganz französisches, niemals ganz deutsches Elsaß bestanden — eigenartig in einem viel höheren als provinziellen Sinne. Da alle andern Betrachter des Elsasses es sich nicht nehmen lassen und es wohl so sein muß, will ich mit meinem Laternchen durch die Jahrhunderte sausen, und sollte ich unterwegs etwas eilfertig erscheinen, so bitte ich zu bedenken, daß es die andern nicht minder sind, auch wenn sie sich dreißigmal mehr Zeit nahmen. Bei aller Eile wird der Leser die elsässische Wurzel immer wieder ausschlagen sehn.

Ich gehe nicht gar so weit zurück. Ich beginne, wie der Basler Professor, im dritten Jahrhundert nach Christus. Da durchbrechen die Alemannen den obergermanischen Limes und stoßen bis an den Oberrhein vor. Von der Mitte des fünften Jahrhunderts an sitzen sie fest, das Gelände zwischen Rhein und Vogesen gehört unbestritten ihnen. Aus dem Norden kommen Franken und vermischen sich mit den Alemannen, und dieser alemannisch-fränkische Stamm ist bis auf den heutigen Tag nicht verdrängt worden. Ein fränkisch-alemannischer Dialekt bildet die Sprache der Elsässer. Glaubt aber nun jemand, daß die Flut der alemannischen Invasion die ältere gallo-römische Kultur restlos begraben habe? Aber wie dem auch sei — bereits rückten von Süden die Klöster heran, von denen Taine so anschaulich schildert, wie sie Schritt um Schritt die strategischen Stellungen bezogen, die das niederbrechende Römische Reich hatte aufgeben müssen. Was sie mitbringen, ist, wenn auch in weltneuem Geiste, wiederum römische Kultur. Die Kirche baut das Römische Reich wieder auf.

Unsere Alemannen nehmen die Taufe an. Dieser Tropfen Wasser macht erst einmal und für lange Zeit alle, die er berührt, zu Brüdern, schafft eine Kulturgemeinschaft, angesichts deren die Stammesunterschiede auf den Wert unbeträchtlicher Sonderheiten herabsinken. Man denke an das schöne Fragment von Novalis: *Europa.* Damals gab es das: einen lebendigen Organismus Europas, und schon allein deshalb geht es nicht an, jene ältesten deutschen Literaturdokumente im Elsaß mit polemischer Absicht auf das Konto der einen oder andern Partei zu setzen. Sie existierten noch gar nicht als Parteien! Der *Weißenburger Katechismus,* die *Murbacher Hymnen* und auch die Glanzleistung deutscher Sprache in jener Zeit, das *Evangelienbuch* des Mönches Otfried

32

von Weißenburg, müssen als das hingenommen
werden, was sie waren: Propagandaschriften
Roms in der Sprache der geistlichen Untertanen,
und diese Sprache war eben die deutsche.

Erst als diese beiden sich vereinigen: die Volks-
sprache und ein weltlicher Stoff, tritt eine völki-
sche Teilung ein. Nirgends in Deutschland ist sie
so typisch landschaftlich wie im Elsaß. Vom ersten Tag an hat die Literatur hier ein unverkennbar elsässisches Gesicht. Das liegt nicht so sehr an
der Nähe Frankreichs und dem nachweislich äu-
ßerst lebhaften geistigen Verkehr über die Vogesen als an der bestimmten Gesinnung, wie diese
Elsässer die übernommenen Stoffe und Formar-
ten sich zu eigen machten. Wohl ist *Reineke
Fuchs* von Heinrich dem Glichezäre das gereimte
Plagiat eines französischen Tierepos. Reinmar
von Hagenau hat nicht viel mehr geleistet, als
daß er die provenzalische Liebeslyrik deutscher
Redeweise anpaßte. Gottfried von Straßburg war
nicht der einzige, der die Hand auf französische
Romanstoffe legte. Erwin von Steinbach lernte in
der Bauhütte von Notre-Dame zu Paris — wie er
kamen und gingen auch andre und arbeiteten
dann noch viel weiter im Osten. Aber der erste
deutsche *Reineke Fuchs* enthält schon eine ganze
Anzahl unverkennbar elsässischer Kapriolen,
und bei Reinmar finden sich die Kraft und Süße
mundartlicher Wendungen, die Walther von der
Vogelweide entzückten:

Die Kunst, um die du so beflissen,
Reinmar, allein mag wissen,
Was ich an dir verloren hab.

Bei Gott noch sollte es dich freuen,
Wie Frauen du, den stolzen, scheuen,
Mit Lobgesängen wohlgetan,
Und daß ein Ton auf ihren Zungen
Allimmer noch wie Milch und Honig
  schmeckt:
Wär dir auch nur ,,O wohl dir, Weib,
  dein Nam so rein!''
  gelungen,
Mit blühndem Lorbeer blieb' dein Herz
  bedeckt.

Von Gottfried wissen wir nicht nur, daß er ein
Stutzer war, der sich gern in welscher Gesellschaft bewegte, auch seine Dichtung wurde öst-
lich des Rheins als ,,arg verwelscht'' empfunden
— und schrieb doch ein so herrlich schlankes
Deutsch und fand Töne von so leidenschaftlicher
Innigkeit, wie wir sie erst wieder bei Goethe ver-
nehmen werden. Und nun bitte ich, in Gedanken
vor die Fassade des Straßburger Münsters zu treten. Es war gewiß töricht von Goethe, das Münster als ein Bauwerk und den Triumph deutscher
Kunst auszurufen — doch frage ich: wo sonst in
Frankreich, wo in Deutschland findet sich an
einem Münster eine derartige Vereinigung von
himmelstürmendem Ungestüm und klarster Ordnung? Jemand hat von einem klassizistischen
Hauch gesprochen, der über Erwins Fassade lie-
ge, und wahrhaftig, sie ist von einer so ruhigen,
so hell gegliederten Großartigkeit, wie man sie an
keinem andern gotischen Bauwerk findet. Etwas
wie nordische Kühle schwebt um dieses Münster,

dessen blonde Nacktheit doch zugleich beispiellos überschwänglich ist. Ich weiß wohl, warum dem jungen Goethe das Wort „deutsch" aufstieß, um die eigene große Ergriffenheit zu bezeichnen, die ihn, der als flinker Alexandriner und Anakreontiker hergekommen war, gerade in Straßburg befiel. Das Deutsche wurde ihm klar durch den Kontrast mit dem Französischen, den er im täglichen Leben vor sich hatte, eine Friederike erschien ihm deutscher als seine Frankfurter Freundinnen, weil ihm Gretchen in der Diaspora lebendiger, stärker, zarter, klarer, heller erschien als im ungemischten Licht einer rein deutschen Landschaft. Wie hat sie noch der alte Goethe gesehn? In frischer Lebendigkeit über die Wiese laufend, lachend und selbstbewußt, den Ton eines deutschen Volksliedes auf den Lippen, welsche Lebensart in den Bewegungen. „Hier wächst lieblicher Wein auf sonnegesegneten Hügeln." Über die Straße stapften französische Soldaten, in der Extrapost fuhren schöne Damen vorbei, die nach der letzten Pariser Mode gekleidet waren, und auch im Pfarrhaus von Sesenheim wurde, um sich gewissermaßen geistig schlank zu halten, ein wenig französisch parliert. (Die elsässische Wurzel wird immer von neuem ausschlagen, aber bedenkt wohl: es ist eine doppelte Wurzel.)

So war es im Mai 1771. Aber der „Welschling" Gottfried von Straßburg lebte schon um das Jahr 1200! Und heute, da die Elsässer wieder französisch sind, sehen wir sie noch immer mit Pritsche und Dreschflegel um die Erhaltung ihrer Sprache und ihrer Art kämpfen, die freilich beide deutsch sind, im Grunde zweifellos deutsch.

Das Gutachten des Basler Professors schließt mit jener Bescheidenheit, die den Schweizer Fachmann auszeichnet: ,,Falls das elsässische Volk die französische Sprache, Literatur und Volkssitte als etwas ihm Wesensfremdes betrachtet, wird sich der Begriff der Minderheit innerhalb des französischen Staatskörpers nicht von der Hand weisen lassen.''

Na also! Da haben wir's schwarz auf weiß und können damit vor die Welt treten und die Nachprüfung des Versailler Friedensvertrages verlangen, der uns nicht einmal den Schutz der nationalen Minderheit zugesteht, geschweige denn die heute so begehrte Selbstverwaltung. Wieviel leichter hatten es der Autonomist Schneegans und seine Freunde nach dem Siebziger Krieg, obwohl auch der Frankfurter Frieden keinerlei Garantien für die annektierte Bevölkerung vorsah. Bismarck zeigte sich geradezu sentimental. Und in der Tat wurde das Elsaß in dem halben Jahrhundert der deutschen Herrschaft behandelt, als ob es innerhalb Deutschlands eine nationale Minderheit darstellte.

Das kam vor allem daher, daß die Elsässer damals gegen die Abtretung protestierten! Sie hielten etwas in der Hand, worüber sich mit den neuen Herren handeln ließ, nämlich ihren guten Kopf und ihr ungewisses Herz. Die hielten sie fest, jahrzehntelang, es war ein dauerhaftes Wertobjekt, besonders kostbar für Deutschland, aber auch drüben in Frankreich sehr gefragt.

Konkurrenz ist nun einmal die Seele des Geschäftes. So konnten sie sich eine Annehmlichkeit nach der andern erhandeln, und als die Franzosen wiederkamen, hatte sich eine recht ansehnliche Zahl Rechte und Freiheiten in ihrem Korb angesammelt. Sie brauchten ihn nur beim Einzug der neuen Herren vor sich hinzustellen, meinetwegen neben sich, sogar hinter sich, wenn sie sich nur in der Nähe ihres Korbes hielten! Standen da nicht seit vielen Jahrhunderten die törichten Jungfrauen am Tor ihres Münsters und warnten sie, leichtfertig vor dem Bräutigam ihr Öl zu verschütten? Ach! sie taten wie das Mägdelein unter denselben Steinbögen, das den Brustlatz lüftet, kaum daß der Fürst der Welt ihr gegenüber grinsend den Apfel gehoben. Alle die schönen Rechte und Freiheiten rollten auf die Straße mitsamt dem Korb und verschwanden unter den rasselnden Trommeln der einziehenden Armee, und die ironischen Trompeten schrien die Torheit meiner Elsässer zum Himmel, für sie aber war es berauschende Musik.
Jetzt laufen sie zu einem Basler Professor und lassen sich einen Schein ausstellen: sie seien eine nationale Minderheit in Frankreich und dürften also Anspruch auf gewisse Rechte und Freiheiten erheben, auf einen Teil wenigstens jener sauer erworbenen, so köstlichen, den Menschen zierenden Kleinigkeiten, wie sie deren einmal einen ganzen Korb voll besessen.
Fragt man nach den Gründen der Begeisterung beim Einzug der Franzosen, so könnte ich ein volles Dutzend anführen, davon die meisten von

beträchtlichem Gewicht. Ich will aber nur kurz darauf hinweisen, daß der Einzug der Franzosen sich für die geschundenen Elsässer zum sichtbaren, unverbrüchlichen Triumph der Revolution gestaltete. Sie schüttelten ihr Joch ab: den Krieg und die deutsche Verwaltung (sie hatten sie seit vier Jahren nur als Militärdiktatur gekannt), und gleichzeitig nahm die Revolution die Farbe an, die das bürgerliche Land sich wünschte. Die Arbeiter- und Soldatenräte verschwanden auf der Stelle. Was Noske in Deutschland blutig erkämpfte, darum wurde im Elsaß nicht einmal mit Worten gestritten. Die Elsässer hatten *ihre* Revolution, und es war die französische Armee, die sie sicherte.

Die Revolution jenseits des Rheins betrachteten sie dagegen mit Mißtrauen, und zwar in zwiefacher Hinsicht. Sie trauten der deutschen Republik nicht über den Weg und erwarteten für den unwahrscheinlichen Fall, daß die Revolution ernst sei oder bleibe, eine Bolschewisierung des Reiches. Sie allein? Bevor ein hoher deutscher Offizier Straßburg verließ, riet er seinen versammelten Herren, ihr Silberzeug lieber im Lande zu lassen, es sei, meinte er, jedenfalls hier sicherer als drüben.

Es ist jetzt schon das zweitemal, daß uns das Malheur mit Frankreich passiert — das zweitemal, wenn man von den zahllosen kleineren Unglücksfällen ähnlicher Art in unserer Geschichte absieht. Und auch das erstemal geschah es im Festtrubel und Hosianna der Herzen, mitten in der herrlichen französischen Revolution, und gerade als das Elsaß, das unter den Bourbonen als *Province effectivement étrangère* geführt worden war, sich endlich ganz französisch und zur einen und unteilbaren Republik herzhaft zugehörig fühlte. Während die Revolutionsheere jenseits der Landesgrenzen Freiheitsbäume pflanzten und auch von deutschen Bürgern und Bauern, übrigens mit gutem Grund, als Befreier begrüßt wurden, erklärten die Jakobiner im Elsaß allem Deutschen den Krieg, verboten das Tragen der „deutschen" und also gegenrevolutionären Volkstrachten und beschlossen in feierlicher Sitzung, alle Elsässer, die des Französischen unkundig seien, in das innere Frankreich zu verpflanzen. Wenn der Beschluß auf dem Papier halt machte, so nur deshalb, weil man so gut wie die gesamte Bevölkerung über die Vogesen hätte schaffen müssen. Immerhin trieb schon allein die Drohung Hunderte von Bauernfamilien — über den Rhein. Kein Wunder, wenn später das volkstümliche Wort Napoleons im Elsaß jene Antwort wurde, die er einem ob des vielen elsässisch Gepappels im kaiserlichen Hauptquartier entrüsteten Offizier gab: *„Laissez-les parler allemand, pourvu qu'ils sabrent en français."* Eine brillante Anekdote! — wies sie doch so nebenbei auch noch auf die große Zahl von hohen elsässischen Offizieren hin, die in der nächsten Umgebung des Kaisers zu finden waren.

Sicher war es ein Vorteil für uns: eine Korse als Kaiser der Franzosen! Der dritte des Namens, sein Neffe, den wir später als Kaiser bekamen, war leider schon in Frankreich geboren. Auch setzte er es sich in den Kopf, mit seiner Schulpolitik die deutsche Sprache im Elsaß auszurotten. Eine gute Weile, bevor es ihm gelingen konnte, wurde er geschlagen und abgesetzt. Für die neue eine und unteilbare Republik aber wurden die Volkstrachten und der Dialekt, die die erste eine und unteilbare als deutschartig verboten hatte, zum Symbol der Anhänglichkeit an Frankreich. Demgemäß sandte man im November 1918 den Franzosen die gemischtesten Scharen in Volkstrachten entgegen, und bei der Pariser Ausstellung begegneten wir Elsässerinnen in Volkstracht, die aber auch nicht ein Wort Elsässisch oder sonstiges Deutsch verstanden — gewissermaßen also Idealbildern der heutigen französischen Verwaltung.

Wer hatte es nun schwerer? Die Franzosen oder wir? Jedenfalls — ich möchte heute nicht Schulrat im Elsaß sein! Und wenn ich französischer Offizier wäre, möchte ich keine Elsässer befehligen. Das hat auch nach dem Krieg ein französischer General ausgesprochen. Damals wurden die jüngsten Jahrgänge, die in deutschem Feldgrau heimkamen, einfach in französisches Horizontblau gesteckt. Da sagte der General Sarrail, er danke, er für seine Person verzichte auf solche französische Soldaten. Wer aber am lautesten über dies vernünftige Wort schrie, das waren die Elsässer. Die Elsässer von damals. Solche, versteht sich, die nur die Schreibfeder gewechselt hatten.

Jetzt schreien sie, wenn ein elsässischer Rekrut im Innern Frankreichs mit *boche* tituliert oder sonstwie unfreundlich behandelt wird, und pochen auf ihre Heimatrechte. Als ob die Elsässer in Feldgrau, die damals an der Kehler Europabrücke von Negern in Empfang genommen und durch Seitengassen des festlich rauschenden Straßburg in die Kasernen abgeführt wurden, sagen wir: wenigstens von den französischen Offizieren, die doch im üblichen Sprachbild von den heimgekehrten Söhnen sein mußten, einigermaßen väterlich aufgenommen worden wären! Man frage sie einmal, diese armen Seelen von verlorenen Söhnen. Ihr Einzug in die Heimat geschah von der unfreundlichsten Seite. Alle sind unwürdig behandelt, viele mißhandelt worden. Vor den eigenen Stammesgenossen. Keine Feder hat sich gerührt. Ach, meine Elsässer! Sie sahen es mit an und schwiegen.

II

Bis zum großen Krieg waren wir preußischdeutsch gewesen. Wer hatte es schwerer gehabt, die Preußen oder wir?
Die höheren Verwaltungsbeamten, die Berlin auf das Straßburger Glatteis schickte, um dort den alten, gewiegten Schlittschuhläufern, deren geringster auf dem Eis daheim war, das Tanzen zu lehren, waren korrekte Geschöpfe der Zentrale. Viel Initative? Nein. Ausgezeichnete Techniker oft und im Wesentlichen, nämlich im Politischen, so unsicher, daß die Elsässer das Vergnügen hat-

ten, die meisten von ihnen öffentlich bald als Schwächlinge, bald als Berserker, bald als gute Tölpel mit Weinlaub im Haar auftreten zu sehen — gewiß ein verwirrender Anblick, zumal für eine Bevölkerung wie die elsässische, die mit den Gaben von Scherz, Satire und Ironie überreich gesegnet ist. Irgendwie verstand es nun der Elsässer immer, seinen Vorteil zu wahren. Jahrzehntelang betrieb er seine Politik als die reinste Eulenspiegelei, was ihm allerdings durch die merkwürdige Lage seiner Herren sehr erleichtert, ja geradezu aufgedrängt wurde. Denn diese Herren sahen sich, um nur den ärgsten Eingriffen in ihre Arbeit und ihr Privatleben von seiten der Berliner Zentrale und des noch viel quälenderen Militärs zu begegnen, bald genug selber gezwungen, auch ihrerseits allerhand Schabernack mit den für sie wahrhaft finsteren Mächten zu treiben. Die Konflikte reichten von der theologischen Untersuchung darüber, ob der Statthalter des Kaisers auch so einen militärischen Doppelposten vor seiner Tür haben dürfe, wie er dem Kommandierenden General selbstverständlich zustand, bis zur Frage vom Sein oder Nichtsein des Reichslandes. Nein, die Herren hatten nichts zu lachen, es sei denn, daß sie sich ins Fäustchen lachten. Und dazu hatten sie noch ihre Plage mit den Elsaß-Lothringern, diesen geborenen Pulcinellas, die sehr wohl wußten, die Sprünge, die sie zwischen Rhein und Vogesen aufführten, ergötzten die halbe Welt und verursachten, dank des Umstandes, daß sie in einer Großmacht wie Frankreich eine glanzvolle, immer bereite Claque besaßen, überdies noch einen Lärm, von dem die Berliner Zentrale alsbald mit Recht behauptete, er sei die Schwierigkeiten nicht wert, die er ihr in wichtigeren Dingen bereite, und habe deshalb zu unterbleiben.

Wie aber sollte die Straßburger Verwaltung es anstellen, damit die sensationellen Sprünge im Elsaß und der damit verknüpfte Weltapplaus unterblieben? Das einfachste Mittel war, in der Landeskomödie mitzuspielen und dafür zu sorgen, daß die Türen bei der Vorstellung geschlossen blieben, und zwar sowohl nach Westen wie nach Osten: Paris war eine vermaledeite Stadt, aber auch von Berlin kam nichts als Gefahr. So entstand eine Atmosphäre von verkniffener Heiterkeit und Roßtäuscherei, in der Regierte und Regierende sich besser verstanden, als sie ja zugegeben hätten.

Daran änderte es nichts, daß manchmal einer kam, der sich in den Kopf setzte, auf der von den eingewohnten Deutschen so gut wie von den Elsässern spiegelglatt erhaltenen Eisbahn den Mann in Kürassierstiefeln zu spielen, als welcher Bismarck schon damals in der Legende umging. Das Mißverständnis rächte sich schnell. Entweder der Mann brach sich ein Bein und fuhr ächzend vom Schauplatz ab, oder er ging heim, zog Sportschuhe an und lernte Eislaufen, was ja, nebenbei, eine schöne Kunst ist und dem Ausübenden kein geringes Vergnügen bereitet, von den sachkundigen Zuschauern zu schweigen.

Ja, oft genug schien es, als halte das Schicksal oder der Zufall, wie man es nun nennen mag, selber in der Komödie mit und beachte dabei streng die Regeln des Spiels. In seinen Memoiren berichtet Alexander von Hohenlohe den Fall eines jungen elsässischen Geistlichen, der sich mit einem Gesuch um Wiederaufnahme in den deutschen Staatsverband an den Statthalter, den Vater des Prinzen, wandte. Der Abbé war früher ausgewandert, hatte in Spanien und Tirol Jesuitenschulen besucht und war längere Zeit Hauslehrer eines jungen Vetters des Prinzen gewesen.

„Das Gesuch", erzählt der Prinz, „war begleitet von einigen empfehlenden Worten meiner Stiefgroßmutter, der Fürstin Leonille Wittgenstein, in deren Hause dieser Abbé als Hauslehrer gewirkt hatte. Mein Vater gab das Gesuch und das Empfehlungsschreiben „in den Geschäftsgang", das heißt, er ließ, wie das in solchen Fällen zu geschehen pflegte, das Gesuch zur Erledigung an das Ministerium gehen, von wo es die verschiedenen Instanzen zu durchlaufen hatte, um schließlich von dem Bezirkspräsidenten in Kolmar, da der betreffende Abbé in dieser Stadt geboren war, erledigt zu werden. Der Kreisdirektor von Kolmar, zum Bericht aufgefordert, das vom Statthalter selber dem Gesuch beigelegte Empfehlungsschreiben der Fürstin Wittgenstein bemerkend und in der Annahme, vielleicht damit einem Wunsche seines höchsten Chefs entgegenzukommen, beeilte sich, die Genehmigung des Gesuchs in seinem Bericht an den Bezirkspräsidenten zu befürworten. Er hatte sich vorher dagegen ausgesprochen, wie das nach Lage der Dinge auch das Richtige gewesen war, denn es lag durchaus nicht im deutschen Interesse, diesen katholischen Geistlichen, der sich jahrelang im Ausland aufgehalten hatte und kein Gewinn für das Land sein konnte, in den deutschen Staatsverband aufzunehmen. Der Bezirkspräsident, vielleicht ohne sich näher zu erkundigen, erteilte darauf die Naturalisation. Sehr bald zeigte sich, daß diese an sich so harmlos scheinende Angelegenheit noch schwerwiegende Folgen haben sollte. Dieser junge Abbé erwies sich nämlich bald als ein sehr gewandter und gefährlicher Journalist. Außerdem entwickelte er eine intensive politische Tätigkeit, wurde in den Bezirkstag, in den Landesausschuß und schließlich sogar in den Reichstag gewählt, und es zeigte sich bald, daß er eine den Frieden im Lande in hohem Maße gefährdende Persönlichkeit sei, welche die Aussöhnung der Bevölkerung, die damals auf dem besten Wege war, auf jede Weise zu verhindern sich zum Ziel gesetzt hatte und, um diesen Zweck zu erreichen, kein Mittel, selbst nicht das der persönlichen Verleumdung, scheute. Dabei führte er eine sehr gewandte, in Gift und Galle getränkte Feder in französischer Sprache und wurde infolgedessen und wegen seiner Unverfrorenheit selbst von seinen kirchlichen Oberen, so besonders von dem braven, aber schwächlichen Bischof Fritzen, der im Jahre 1891 auf den Bischofssitz von Straßburg berufen war, so gefürchtet, daß er sich alles erlauben konnte. Später, als der Staatssekretär von Köller es für die schlaueste Politik hielt, sozusagen den Teufel durch Beelzebub auszutreiben, daß heißt, die elsässischen Klerikalen dazu zu bringen, sich mit der deutschen katholischen Zentrumspartei zu vereinigen und mit dieser die Sozialisten zu bekämpfen, wurde der ehrgeizige Abbé der eifrigste Parteigänger und Lobredner des preußischen Junkers, und seine Soutane war in allen Büros des Straßburger Ministeriums zu sehen, gerade so wie man ihr später, nachdem sie sich rechtzeitig im Sommer 1914 im letzten Moment durch die Flucht in die Schweiz in Sicherheit gebracht hatte, in allen Pariser Vorzimmern der Minister begegnen konnte."

Und das ist die Geschichte, wie die Elsässer zu dem einen ihrer großen ,,Befreier" kamen, der ihnen ein halbes Menschenleben später den ,,22. November" als eine Falkenhaube über die Augen stülpte, damit sie endgültig von der zehrenden Krankheit des eigenen Gesichtes, des eigenen Willens befreit wären, die Geschichte, wie der Abbé Wetterlé im Namen des Kaisers wieder zum Elsaß-Lothringer gemacht wurde. Der 22. November 1918 aber ist der Tag, an dem die französische Armee ihren festlichen Einzug in Straßburg hielt. Das hübsche, vielumworbene Mädchen in der Schlupfkappe, das bisher stets auf standesamtliche und kirchliche Trauung und, nicht zuletzt, auf einen Ehevertrag *en bonne forme et règle* bestanden hatte, warf sich in phantastischer Erregung an den Hals des Siegers, ohne zu fragen, wie er sie in Zukunft zu halten gedenke. Im Gegenteil, sie schwor, daß diese Stunde ihr Glückes genug sei und der Liebste nunmehr mit ihr machen könne, was ihm beliebe.

Später, als der Liebhaber sich im elterlichen Hause unseres Mädchens ein wenig allzu ungezwungen einzurichten begann, liefen die elsässischen Sachwalter herbei und behaupteten, sie hätten sich am 22. November auf das Versprechen verschiedener Generäle und Minister verlassen, daß Frankreich die Sitten und Gebräuche der wiedergefundenen Tochterprovinzen achten werde und sich deshalb und nur deshalb über gewisse Förmlichkeiten hinweggesetzt. Aber das war ein Treppenwitz und im Hinblick auf den angerichteten Schaden ein ziemlich übler. Hatten doch die Mannsbilder von Volksführern damals in trunkener Schwärmerei mit allem Weibsvolk der Ebene und des Gebirges gewetteifert! Hätten sie doch auf Verlangen gewiß auch ihre Hosen ausgezogen, um in beglückender Selbsterniedrigung, nackt und wirr behaart unter Gehrock und Zylinder, vor den rasselnden Trommeln und Trompeten der Masse Eroberer einherzumarschieren! Das war der 22. November 1918. Was Wunder, wenn Herrn Poincaré angesichts dieses Schauspiels die Kinnlade zitterte und Clemenceau selbst, der Tiger genannt von seinem Volk, Menschentränen vergoß — und hatte doch manches in seinem Leben gesehn, der Alte, von den Massenerschießungen der Kommunarden unter seinen Fenstern bis zum blutigsten aller Kriege! Das war der 22. November 1918. Auf der Ehrentribüne, die vor dem kolossalen Renaissancestall des ehemaligen Kaiserpalastes errichtet war, stand auch der winzige Abbé Wetterlé, und seine Priesterhand mochte heimlich das tolle Herz halten, wie es da unter den peitschenden Weisen der

Clairons sprang, und neben ihm bemerkte man unsern zweiten großen „Befreier", Pierre Bucher. Der aber brauchte sich um kein Mittel zur Selbstbeherrschung zu bemühen, die saß ihm wie ein Panzerhemd und klebte ihm am Blut, er war nie anders gewesen, solang er denken konnte, er hielt den Kopf hoch, und er lächelte.

In Wahrheit war Pierre Bucher weder, wie die Franzosen meinen, ein diplomatisches Genie nach dem Schlag Pater Josephs, jenes Vertrauten Richelieus, den seine Zeitgenossen die „graue Eminenz" nannten, ein mächtiger Kerl also, der sich „damit beschied", in einem Salon der Straßburger Brandgasse die Weltpolitik unmerklich aus den Angeln zu heben, noch der französische Agent der deutschen, verkleinernden Auffassung, der mit geistigem Dynamit und gefälschten alten Möbeln handelte. Wollen wir ihn nicht einfach als den Typus des elsässischen Bürgers hinnehmen, wie die neudeutsche Zeit ihn geformt hatte, als den „besseren Herrn" im Gewimmel der meist ein wenig schäbigen Eisläufer oder Seiltänzer, der, weil er sich eben als besserer Herr fühlte, mehr als nötig mit der Halbmaske kokettierte — meinetwegen als den geschicktesten, anziehendsten von der Bande, mit einem gewissen Cagliostro-Anstrich? Ja doch, dieser praktische Arzt in mittleren Vermögensverhältnissen scheint mir ganz und gar der Typ des elsässischen Bourgeois, wenn es einem auch erst so vorkommt, als sei man bei ihm auf eine besondere, überaus seltene Spielart gestoßen. Beim ersten Blick nämlich ist man versucht, sich zu sagen: wenn der elsässische Bourgeois streitbar wird, dann heißt er Pierre Bucher, der elsässische Bourgeois, der eine kriegerische Handlung auf sich nimmt, das ist *er,* Pierre Bucher war ein Soldat, und darum hing er auch so zärtlich an alten Uniformen, Säbeln und Kürassen. Bei näherem Zusehn erkennt man jedoch, daß Bucher sich mit größter Vorsicht in den Grenzen des üblichen Bourgeois hielt. Was er wagte, das wagten sie alle, wenn auch in bescheidener Umgebung. Er war versnobter als sie alle und ärmer als viele. Er wollte „seinen Weg machen", den Weg, den zum erstenmal in der Literatur Stendhals Julien Sorel (in *Le Rouge et le Noir)* beschritt, stürmenden Herzens, schleichenden Ganges, er wollte hinauf. Er hatte ein lyrisches Herz, er liebte vornehme Frauen, raschelnde Seide, echte alte Namen, echte alte Möbel, gute Manieren, teure Wäsche und die Bücher von Maurice Barrès. Wäre die paradiesische Gesellschaft, die ihn lockte, deutschfreundlich oder auch nur friedliebend gewesen, so hätte das junge Elsaß in Bucher einen unschätzbaren Bundesgenossen gehabt. Ja, es hätte sich schon in allerhand Hoffnungen wiegen können, wäre der Stadt Straßburg ein einziger, richtiger deutscher Salon beschieden gewesen, ach! hätte nur Berlin etwas lebhafter geglänzt.

Nun verhielt es sich nicht etwa so, als ob jene Pariser Salons besonders deutschfeindlich gewesen wären. Um das Jahr 1910 konnte man zum Beispiel bei der Fürstin von Monaco, der Gräfin Greffhule, der Princesse de Noailles junge Leute auf deutsch Verse von Hofmannsthal aufsagen hören, ein Kolleg über Mombert, das, wenn ich nicht irre, Professor Lichtenberger hielt, wurde von Herren und Damen besucht, wie man sie sonst nur bei Bergson antraf, deutsche Musik, deutsches Theater, deutsche Literatur standen in hohem Ansehn, ja, manche Salons, wie der von Madame Paul Clemenceau, einer geborenen Wienerin, bemühten sich eifriger um deutsches Kulturgut als um französisches. Dafür war dann Helene von Nostiz, die Enkelin des Grafen Münster, die große Freundin Rodins und Graf Harry Keßler der Mäzen Aristide Maillols. Auch das Parlament, das, wie ein Franzose bemerkt, in Frankreich den Hof ersetzt hat, brachte dem geistigen Deutschland Sympathie entgegen. Die Stellung Caillaux' war so stark, daß nicht tausend Intrigen, nicht die heftigsten Angriffe in der Öffentlichkeit, nicht einmal der Weltskandal, den seine Frau durch die Erschießung des Journalisten Calmette hervorrief, sie zu erschüttern vermochte — er blieb Parteiführer, wurde in den Wahlen zur Abgeordnetenkammer wiedergewählt, erreichte kurz vor Kriegsausbruch, als Paris schon unter der Kriegsdrohung fieberte, die Freisprechung seiner Frau. Der politischen Lage entsprach im großen und ganzen die gesellschaftliche, darüber kann für einen, der das Paris der letzten fünfzehn Vorkriegsjahre gekannt hat, kein Zweifel bestehn.

Ein ähnliches Bild bot die elsässische Bourgeoisie, soweit sie überhaupt geistige Interessen hatte. Allerdings, das auch in den Gesellschaftsformen militärisch bestimmte Deutschland war ihr zuwider, der Kastengeist dieses Deuschland von dem (in seinem Wesen vielleicht nicht viel liebenswürdigeren) Klassengeist der jakobinischen Bourgeoisie so verschieden, daß sie ihn als rückständig, unmenschlich und jedenfalls minderwertig empfand. Es waren eben zwei Bourgeoisien ungleichen Alters, ungleicher Erziehung, die im Elsaß sich berührten. Die eine hatte auf eigene Rechnung und Gefahr die Revolution gemacht, die andre die Revolution verschiedentlich niedergeworfen und dafür als Geschenk der Krone etliche bürgerliche Freiheiten eingeräumt erhalten. Die eine übte das unumschränkte Regiment im Hause aus, die andre teilte sich, sehr ungleich, darin mit der feudalen Klasse, die, wenn irgendwo in der Welt, so hier in Deutschland unerschüttert und unerschütterlich schien. Nein, die beiden Bourgeoisien konnten sich nur berühren, um sich sofort wieder zu meiden. Aber deutsche Musik, deutsche Kunst, deutsche Philosophie, die genoß, wer immer es vermochte, in tiefen Zügen, und wirtschaftlich fuhr man vorzüglich mit dem neuen Reich. Industrie, Handel und Gewerbe konnten nicht klagen, o nein, Familien wie die Koeberlé verkehrten nicht viel mit Deutschen, aber mit einigen befreundeten sie sich herzlich an, doch, das ist war, und auch der Doktor Bucher ließ sich seine deutschen Freunde nicht verleiden. Als er seine Zeitschrift, die *Cahiers alsaciens,* gründete, legte er Wert darauf, seine Leser über die neueste deutsche Literatur, die neueste Musik und jede geistige Bewegung in Deutschland zu unterrichten. Es herrschte trotz aller Fremdheit ein Hin und Her zwischen deutschem und französischem Geistesleben, ein Geben und Nehmen, ein mit großer Neugier verbundenes Hinschauen und Abwarten — ich wage es, das Wort auszusprechen: es war der Beginn einer mit den besten Aussichten auf die Zukunft gesegneten Vernunftehe. Mochten sich in den Ecken noch immer einige Claironbläser Déroulèdescher Prägung und der eine oder andre blutige Konjunkturjäger herumdrücken, sie waren für die Sache der Versöhnung nicht gefährlicher als etwa die paar Welfen für den Bestand des Deutschen Reiches. Der Protest galt für tot und begraben, der Standpunkt der radikalen Ablehnung fand keinen einzigen Fürsprecher mehr, und *wir* waren da, wir: die junge Generation Elsässer — geborene Schlittschuhläufer auch wir und in allen Künsten des Seilspringens erfahren, und wir wußten, was wir wollten. Vor allem war uns klar: ohne Krieg konnte von einer Rückkehr Elsaß-Lothringens zu Frankreich nicht die Rede sein. Wir aber wollten keinen Krieg — alles, nur das nicht.

Beim Blättern in alten Papieren fand ich dieser Tage einen Brief meines Freundes Ernst Stadler, einen Brief aus Straßburg, geschrieben in der zweiten Hälfte des Monats Juli 1914, und darin folgende Stelle:
,,In Straßburg bereitet sich allerhand vor. In Simmel haben wir einen wertvollen Bundesgenossen unsrer Sache bekommen. Er ist voller Aktionseifer, sucht eine stärkere Auswirkung der Universität auf die Stadt, ist politisch höchst ver-

nünftig und dem Elsässischen gegenüber verständnisvoll. Ich habe mich neulich eine Stunde mit ihm über die elsässische Frage unterhalten. Eine gewisse Bedenklichkeit besteht darin, daß Bucher ihn stark an sich zu ziehen sucht, was bei seiner wahrhaft genialen Geschicklichkeit wohl auch gelingen wird. Einstweilen macht er Ausflüge mit ihm, führt ihn in die ästhetischen *cercles* des in solchen Fällen immer einspringenden Fräulein Koeberlé ein und dergleichen. Immerhin ist das tausendmal besser, als wenn ihn die Gegenseite besäße.

Bucher selbst steckt wieder einmal voller Pläne, über die ich Dir ein andermal ausführlicher berichte: neue Zeitschrift, deren Redaktion ich nach meiner eventuellen Rückkunft — mit Dollinger zusammen! — übernehmen soll, freie Universität neben der staatlichen, und so weiter, kurz: Straßburg als kulturelles Zentrum unter Heranziehung französischer und deutscher Kapazitäten, Bergson, Simmel *et cétéra*. Das ist alles etwas phantastisch und vag, aber es scheint mir wirklich, als wäre der Augenblick nahe, wo hier etwas zu machen ist.''

Stadler fügte hinzu, ich möchte mich einrichten, in den ersten Augusttagen in Straßburg zu sein, damit wir das alles an Ort und Stelle besprechen könnten. In den ersten Augusttagen zog Ernst Stadler als Reserveoffizier ins Feld, und wenige Monate später war er tot: vor Ypern gefallen.

Die Briefstelle zeigt, wie zuversichtlich wir in die Zukunft blickten, und daß wir glaubten, unserm Gegenspieler in der Halbmaske gewachsen zu sein. Hatten wir doch nur noch mit dem halben Widerstand verhältnismäßig kleiner Kreise zu rechnen! Bauern und Arbeiter und der größte Teil des Kleinbürgertums dachten nicht einmal an die Möglichkeit einer Rückkehr zu Frankreich und öffneten sich gern den mannigfaltigen Einflüssen deutscher Kultur. Die bürgerlichen Kreise aber waren von den andern schon genannten Pariser Kreisen abhängig — wir sagten: glücklicherweise, denn in Paris zeigte man sich früher zugänglich, war man intelligenter und begabter als in Straßburg, und wir vermeinten sogar, dort weiter zu sein als hier.

Wenn trotzdem das Gleichgewicht labil blieb, so lag das an den dauernden Störungen machtpolitischer Art. Der Weg, das 1870 geschlagene Frankreich zu beruhigen, abzulenken, womöglich zu gewinnen, wie ihn Bismarck mit der ihm eigenen Sorgfalt im kleinsten entworfen, mit Geduld ausgebaut und gangbar gemacht hatte, war seinen Nachfolgern zu bequem geworden, sie traten immer weiter über den Rand hinaus.

In der Dreyfusaffäre hatte die Linke den Nationalismus schwer und, wie es schien, entscheidend geschlagen. Er blieb auch geschlagen, noch die Wahlen von 1914 brachten der Linken eine starke Mehrheit. Aber der *Panther-Sprung* nach Agadir hatte, mehr durch die gewalttätige Gebärde als durch die Tatsache des deutschen Anspruches, den sie versinnbildlichte, ganz Frankreich tief verletzt. Über Nacht war die Stellung des nationalistischen Klüngels in der Öffentlichkeit eine andre geworden. Zum erstenmal bekam er wieder das Ohr des Publikums. Maurice Barrès, um den einen und besten Namen für viele zu nennen, sah plötzlich seinen Weg in Morgenrot gebadet.

Auch er war ein Julien Sorel, auch er hatte hinaufkommen wollen auf jenen Gipfel in Glanz und Seide, wo der geborene Schwächling das Herz eines Napoleons in sich rasen fühlt — und es ist ihm gelungen, er hat ,,seinen Weg gemacht'', wir wollen um der menschlichen Würde willen annehmen: in ungeahntem Maße ist es ihm geglückt! ,,Die ganze Welt ist zu einem Elsaß-Lothringen geworden!'' hatte er während des Krieges geschrieben, und die Weltpresse hatte es jubelnd wiederholt. Und als er nun oben war, über einer Welt, die im Blut schwamm, der kokette Maurice, auf dem Gipfel seines Weges und im Mittag seiner Wünsche (ich fürchte, auch das menschenfresserische Getöse der Kanonen war für ihn nur ein *froufrou,* wie er es überall im Leben suchte: in den französischen Kathedralen, in den Gärten Spaniens, in der Sonne Syriens, bei Pascal und Hegel, sogar in Sparta, ein *froufrou* von Adlerflügeln gewissermaßen und der ganze böse Krieg für den genußsüchtigen Literaten ein apokalyptischer *frisson*), da war auch der andere Arrivist, dem es über die Maßen geglückt war, angelangt und betrachtete die Beute: seine Heimat und meine, das Elsaß. ,,Schickele?'' sagte Pierre Bucher in jenen Tagen zu einem gemeinsamen Bekannten. ,,Keine Frage. Schickele war immer ein guter Elsässer. Aber jetzt brauchen wir gute Franzosen.''

Alle guten Elsässer, die er hätte fragen können,

hätten damals dazu genickt. Wie lange würde es dauern, bis die elsässische Wurzel wieder ausschlüge?

Geduld! „Hier wächst lieblicher Wein auf sonnegesegneten Hügeln." Hier lassen sich auch schwierige Zeiten mit Laune und Anmut überstehn.

Indes, sie kamen, die guten Franzosen, die echten, die aus dem Innern Frankreichs, in hellen Haufen kamen sie und verbreiteten ihr Licht.

Und darin müssen sie wohl des Guten etwas zuviel getan haben, denn nach einiger Zeit begann das Land zu beben. Sie aber glauben heute noch, deutsche Wühlarbeit habe den schönsten und festesten Boden untergraben.

Was war geschehn? Etwas, was von den Franzosen herzlich gut gemeint war, ja, was sie als eine wahre Wohltat einschätzten. Sie hatten meine November-Elsässer, die das Leben nur als „gute" Franzosen lebenswert fanden, beim Wort genommen und ihnen energisch unter die Arme gegriffen. Lag es nicht in unserm wohlverstandenen Interesse, aus der Welt des Scheins möglichst rasch in die des Seins hinüberzuwechseln — unsere alemannische Schlangenhaut abzustreifen und, vorteilhaft verändert, uns als eine Art von Urkelten, jedenfalls aber als unzweifelhafte Franzosen zu erweisen? Damit die Haut weich werde und sich leichter löse, setzten sich die echten guten Franzosen hin und klopften die Schlange.

Die Klopfmassage erhielt den Namen *méthode directe,* er klingt energisch und war wohlverdient. Die direkte Methode wurde nicht nur auf die Schule angewandt, die von heute auf morgen nur noch in französischer Sprache unterrichten durfte, obwohl die Kinder kein Wort Französisch verstanden — auf allen möglichen Gebieten, hauptsächlich natürlich in der Verwaltung machten es die Franzosen den Elsässern direkt vor, wie man in Frankreich fortschrittlich regiert. Die lächerlich einfache deutsche Buchführung in allen Verwaltungszweigen wurde derart kompliziert, daß statt eines Beamten jetzt drei und vier Beschäftigung, aber nicht ihr Vergnügen fanden. Nur die Hundesteuer, bei der ging es mit geradezu amerikanischer Fixigkeit zu, und als meine Elsässer verwundert nach den Gründen des Phänomens forschten, stellte sich heraus, daß ein Privileg der Steuerdirektoren aus der Zeit der Bourbonen bestand, demgemäß die Hundesteuer in ihre eigene Tasche floß. Die fleißigen elsässischen Schulkinder aber erwiesen sich bald als Meister darin, die französische Sprache, so, wie sie sie aussprechen, mit deutscher Orthographie zu Papier zu bringen.

Zwei, drei Jahre herrschte in allen Zunftstuben ein halb belustigtes, halb ergrimmtes Schütteln des Kopfes. Allmählich jedoch fing diese verdammte direkte Methode an weh zu tun, groß und klein lief mit blauen Flecken herum, und —

III

Ja, und da gab es einen komischen Heiligen im Elsaß, den Maler Heinrich Ebel.

Ebel?

Ebel.

Das ist eine Geschichte für sich, und die will erzählt sein.

Kurz vor Kriegsausbruch schickte der Berliner Kunsthändler Paul Cassirer sich an, den Sonderling unter die Leute zu bringen. Dabei erging es dem Maler wie dem Elsaß. Im August 1918, die Elsässer schrien noch nach Anerkennung ihres Eigenlebens, was durch Gewährung einer vollen Autonomie geschehen sollte, wurden plötzlich die Fensterläden im ganzen Land von der deutschen Militärbehörde hermetisch geschlossen, und als sie wieder aufgingen, war alles französisch geworden und von Eigenleben keine Rede mehr. Die Bilder Ebels, die den Krieg in den Kellern Paul Cassirers, Viktoriastraße 35, verbracht hatten, kamen ins Elsaß zurück, und nun, sagten wir uns, konnte es lange dauern, bis die Welt von Heinrich Ebel erfuhr.

Als der Maler fünfundsiebenzig Jahre alt wurde, beschlossen wir, ihn auf eigene Faust zu feiern, und diese Feier enthüllte sich im Verlaufe der Nacht als etwas, woran niemand vorher gedacht hatte. Sie nahm, zum allgemeinen Erstaunen, gewissermaßen revolutionäre Formen an. Im Umsehn wurde aus der weitläufigen Scheune, in der die Feier stattfand, etwas wie ein elsässicher Nationalkonvent.

Davon merkte der Gefeierte selbst nur soviel, daß die Herrschaften aus der Stadt in Ermangelung phrygischer Mützen rote Köpfe hißten und jemand eine Rede hielt, die in Stürmen von Beifall dahinsegelte, und dies, obwohl der Name Heinrichs Ebels immer seltener darin vorkam, so daß der Greis den Faden verlor und einschlief.

Der Ebel war ein Mann mit einem Kindergesicht und einem großen weißen Bart. In Sprache und Gehaben konnte man sich schwerlich einen echteren Elsässer vorstellen. Trotzdem war er nicht im Lande geboren, sondern in der benachbarten Pfalz. Erst als Sechzehnjähriger kam er zu uns herüber, um seinem bereits hier ansässigen älteren Bruder zu helfen. Der Bruder wirkte als Kirchenmaler in Fegersheim. Fortan betrieben sie das Geschäft gemeinsam. Zuerst strich die gut eingeführte Firma die Kirchen nur von außen an, darauf, als Heinrich in München die Kunstgewerbeschule besucht hatte, drang sie auch ins Innere vor, und zwar arbeitete Heinrich sowohl in Öl wie *al fresco*.

Wenn Ebel auf seine Münchener Zeit zu sprechen kam, riß er die Augen auf. Ja, München! . . . Die alte Pinakothek! . . . Kurz gesagt: was Heinrich da zu Gesicht bekam, das konnte freilich heutzutage keiner mehr nachmachen. Davor konnte man nur Angst kriegen. Da konnte man stundenlang im Halbkreis um ein Bild herumgehn, das eine herrliche Vision und eben nicht von dieser Welt war, und halt stehn und standhalten, bis man das Fürchten verlernt und sich vergessen und in ein Jenseits verflüchtigt hatte.

Endlich kehrte man, nach Ablauf der Lehrzeit, mit einem Haufen photographischer Aufnahmen nach Fegersheim zurück.

„Siehsch", sprach Heinrich zum älteren Bruder, nachdem dieser das Abgangszeugnis der Kunstgewerbeschule geprüft hatte, „so han de Lütt früher g'molt. Meinsch, mer könnt' es ach versuche?" und dabei zeigte er die Reproduktionen des Verlages Bruckmann vor.

Dies war also der Tag, an dem die Brüder Ebel beschlossen, von jetzt an die Kirchen auch innen auszumalen, den Altar und die Wände und in jederlei Technik. Natürlich blieb der Bruder, der nicht auf der Hohen Schule gewesen war, mit den Gesellen an der Außenwand, wo es Licht und frische Luft, vier Mahlzeiten am Tag und einen festen Tarif gab, während Heinrich im Innern sein Glück versuchte, ahnungslos, wieviel klingender Lohn aus der Arbeit heausspränge. Alles in allem stellte er sich nicht besser, als wenn er nur außen angestrichen hätte. Von fünfzig Jahren seines Lebens verbrachte er täglich zehn, zwölf Stunden im dumpfen oder eisigen, lichtarmen Innern von Dorfkirchen, schlotternd bemüht, die Heiligen an die Wand zu zaubern, so, wie die Leute sie früher gemalt hatten.

An Sonn- und Feiertagen jedoch ging er los und malte einfach ab, was er sah: Landschaft, Porträt, Interieur, modellierte gelegentlich auch in Gips, und wenn das Bild fertig war und für den Käufer bereit stand, rechnete der brave Arbeitsmann den Preis gewissenhaft nach der Stundenzahl aus, die er auf die Herstellung verwandt hatte, so daß der Kundige nach dem Preis des Bildes die Entfernung zwischen Motiv und Ebels Haus in Fegersheim aufs genaueste bestimmen konnte. Ähnlich hatten es wohl auch „die Leute von früher" gemacht. Er war selbst so einer von früher, ein frommes, christkatholisches Gemüt, den Gott heimsuchte im Guten und im Schlimmen.

Bei Fegersheim gibt es einen schütteren Wald, den die wohlhabenden Tabak- und Krautbauern haben stehn lassen, dem großen Pan zulieb und wegen des Anfeuerholzes für den Winter. Wenn Heinrich Ebel mit dem Wochenlohn samstagnachts durch das Wäldchen heimkam, sah er Räuber und Mörder. Sie raschelten im Unterholz, ihre Dolche blinkten, die Finsternis selbst hatte böse Zigeuneraugen. Das viele, viele Geld in seinem Sack drückte ihm das Herz ab und machte gleichzeitig den Wald rasend vor Neid. Einmal war es besonders schlimm, da hätte keine Macht der Welt ihn geschützt, wäre nicht die verstorbene Mutter in himmlischem Licht erschienen und hätte die Bösewichte vertrieben.

Dieses Bild mit der Mutter hinter ihm, vor der die Räuber am Wegrand sich wie geblendete Tiere ducken und in Nacht vergehn, das hat er gemalt. Er zeigt es nur Freunden. Es ist unverkäuflich, wie auch jene Bleistiftzeichnung von der Mutter auf dem Totenbett unverkäuflich war, die Holbein geliebt hätte, und die sich im Besitz des Berliner Malers Orlik befindet.

Wissen Sie, Orlik, wie es kam, daß der Meister die Zeichnung dennoch losließ? Er schwitzte unter dem strengen Auge des Herrn Pfarrers in einer Dorfkirche, als er vom Angebot Paul Cassirers, der Ihnen die Zeichnung verkaufen wollte, telegraphisch übermannt wurde. Darüber, daß ein berühmter Maler in Berlin Wesens von ihm machte und gar mit Geld herausrückte, verlor er die Sprache und die Möglichkeit des Widerspruches. Als er sich gefaßt hatte und gegen den Verkauf protestieren wollte, war Krieg.

Beiläufig habe ich es schon erwähnt, aber ich muß es jetzt deutlich machen: Heinrich Ebel wohnte in Fegersheim. Und Fegersheim, Hauptdorf, Kapitale der Straßburger Ebene, ist die Welt.
Er bewohnte Fegersheim, das Dorf gehörte ihm und die Ebene darum bis an den Horizont, wo über den Vogesen die Sonne untergeht. Rings um das Dorf hat er jahrzehntelang das Handwägelchen mit dem Malzeug herumgezogen, durch die Tabak- und Rübenfelder, durchs Korn, bei gutem Wetter, versteht sich, und ohne sich zu weit vom schützenden Dach zu entfernen und nur in der freundlichen Jahreszeit. Winterlandschaften sind bei ihm selten. Ich habe nur zwei gesehn.
Warum hätte er sich auch mit Winterlandschaften abgeben sollen! Winters hockt man in der warmen Stube, und die Lampe zaubert soviel Farbenwunder, wie ein Kind und Maler sich nur wünschen kann. Noch immer ist Sonne! Nicht mehr die Sommersonne, wie sie als tolles Gestirn die weite, von Feuchtigkeit zitternde Ebene sich unterworfen hält. Nah ist sie jetzt, ganz nah und handlich wie ein Spielzeug und unerschöpflich als

Schein von Lampe und Kerze, in die offenen Hände kann man sie nehmen und vor die Augen halten und sich sattsehn, ohne Gefahr, blind zu werden. Meister Ebel, in seiner Art ein Dichter und auch ein Philosoph, wäre nicht weiter erstaunt gewesen, wenn jemand ihm gesagte hätte, seine Fegersheimer Petroleumlampe und die bunt umstrahlte Kerze seien mehr als nur ein malerischer Vorwurf, nämlich ein Symbol und das heilige Gefäß, worin er die Gottheit verehre, wenn der Winter die Herrlichkeit der Welt mit Grauen und Dunkelheit zudecke. Hielt nicht auch das Zimmer, worin er malte (und er malte ja nur, was er um sich sah), bei der Andacht mit, die beschatteten Wesen, die stopften und strickten, die Möbel, die Balken und Bretter und die Katze am Ofen? Alles war abgründig still und schien zu beten.

Es war das Licht, das Licht, das den Ebel unablässig entzückte, die gewaltige Sonne und ihr milder Bruder, der Mond, wie sie gemeinsam das Leben der Erde verwalten, das herrische, das ernährende Feuer in allen Formen, bis zur brennenden Kerze auf dem Nachttisch. An der Staffelei malte er weder den lieben Gott noch die Heiligen. Er malte ihr Leuchten.

So kam es, daß Fegersheim sich als ein wahrhaftes Jerusalem und Königreich erwies, das im Schutz seiner Gärten und Felder alles einschloß, was Ebels Herz je zu fühlen, sein Auge zu sehn vermochte:

Trinkt, ihr Augen, was die Wimper hält,
Von dem goldnen Überfluß der Welt.

Hier stürzte der goldene Überfluß vom Himmel, hier auf diesen Feldern lag er aufgetürmt, als ein Ewiges Licht leuchtete er in den Stuben, hier in Fegersheim und nirgendwo anders. Soweit hatte Meister Ebel es mit Fegersheim gebracht.

Der Wahrheit die Ehre zu geben, muß ich gestehn, daß es noch einen zweiten Mann gab, der Fegersheim mit ähnlicher Inbrunst, wenn auch ohne künstlerische Mittel in den Himmel hob: meinen verehrten Lehrer, den Domkapitular Ehrhardt. Von ihm, einem Fegersheimer Kind, habe ich zuerst den Namen des Dorfes gehört, und er sprach davon wie von einem Wunder. In den Flegeljahren neigt man zu Zweifel und Spott, zumal wenn man die erstaunliche Kunde vernimmt, irgendein Dorf, wo man nicht einmal selbst geboren, sei eigentlich der Mittelpunkt der Welt und feierlicher Wallfahrten wert. Heute sehe ich ein, daß unser Lehrer als Homer Fegersheims uns frühzeitig den rechten Weg wies.

Sind wir nicht alle hingewandert, Katholiken, Protestanten und Juden — alle nach Fegersheim? Straßburg mag die Hauptstadt des Landes sein, aber in der Ebene, die ihren Namen trägt, sieht man sie viel zu undeutlich, man erkennt eigentlich nur das Münster. Straßburg mit seinen Häusern, Kanälen und asphaltierten Straßen liegt gleichsam überwuchert von dem Glanz und der Fruchtbarkeit der Ebene. Das Land hinter den Wällen wirkt wie ein Dschungel, und für die Landbewohner wirkt die Stadt wie eine Höhle. In Fegersheim dagegen reicht die Ebene klar und übersichtlich bis auf die Gassen, in jeden Hof.

Die Kühe finden allein zu ihren Ställen. Von den Stallfenstern sieht man das Land bis zu den Vogesen. Deutlich wandern darüber Sonne und Sterne . . . Das ist ein Unterschied!

Am 3. Juli 1924 haben wir Fegersheim zu einem großen Maler beglückwünscht und ihn selbst und sein Lichtreich gefeiert, worin er fromm, gesund und munter sein Jubelfest beging.

Ganz Fegersheim war auf den Beinen, Bürgermeister und Gemeinderat voran. Die Pompiermusik schmetterte. Ein sehr männlicher Gesangverein schmolz in einem Lied, schmolz, bis er nur der Seufzer einer Jungfrau war, aber der folgende Fackelzug machte ihm wieder Beine und lockte die Mädels in Schwärmen ans Licht. Die Hauptstraße, die bisher Rue de la Paix geheißen hatte, wurde unter deutschen Segenssprüchen in Rue Henri Ebel umgetauft. Jetzt erst war sie die Friedensstraße geworden!

Der echte Elsässer aus der Pfalz stand am Fuße der Leiter und schaute glückselig zu, wie die schöne, neue Tafel mit seinem Namen am Eckhaus befestigt wurde. Fanfaren bliesen. Die Künstler tanzten mit den Mädels, die wimmelten wie Pilze nach dem Gewitter — Straßen lang, Plätze voll.

Und als dann alle wieder in der festlichen Scheune versammelt waren, da geschah es, da stieg sie, die vorhin erwähnte Rede — gerade hatte eine Pariserin dem Meister einen gewaltigen Rosenstrauß überreicht und ihn, wie damals landesüblich, im Namen Frankreichs auf beide Backen geküßt. Es war, wie gesagt, im Sommer 1924, kurz nach den Wahlen, die Poincaré und seinen *Bloc national* beseitigt und Frankreich eine Linksregierung verschafft hatte. Im Elsaß wagte man kaum deutsch zu reden. Kaum daß man anfing, der nationalistischen Legende mit einigen Brocken elsässischer Wahrheit entgegenzutreten und von dem zu sprechen, was früher gewesen, als zwar die Deutschen noch im Lande standen, die Elsässer aber auch schon da waren, und zwar sichtbarer, mit freieren Ellenbogen — von jener Zeit, da ein eigenes elsässisches Leben sich zu rühren begann auf allen Gebieten, ja, von jener „bedeutungsvollen und unvergeßlichen Zeit" kündete auf einmal die Rede, eine Rede im Dialekt, trotzig, zuversichtlich, gut gelaunt, und in die Rede hinein schrie der erste Hahn.

Köpfe, die sich widerwillig geduckt hielten, begannen zu federn. Ein Leuchten wischte die Tische entlang über die gespannt hergewandten Gesichter. Vielen schien es, als erwachten sie aus einer Betäubung. Manche zitterten, weil nach dem dumpfen Druck der letzten Jahre die lang erwartete Botschaft: „Bleibt die, die ihr gewesen, seid treu!" als ein wahrer Morgenruf erklang. Auf einmal war die elsässische Wurzel wieder am Ausschlagen.

Als der schlummernde Meister von einem Lärm erwachte, der nichts andres war als Beifall, der dem Redner dankte, sah er voll Erstaunen alle Gäste auf den Beinen stehn und rufen und klatschen. Taumelnd erhob er sich vom Stuhl und ging in eine tiefe Verbeugung. Da wandten sich die Klatschenden vom Redner zu ihm, der ein lebendiges Zeugnis für die Wahrheit jener Botschaft war, die er nicht gehört hatte, deren Dringlichkeit er wahrscheinlich auch gar nicht empfunden hätte, so sehr war sie eins mit seinem Leben, und die Feier kam wieder in Ordnung.

Gegen Morgen fuhren die Autos nach Straßburg zurück.

In der neuen Rue Henri Ebel überholten wir den Meister, wie er, in Gehrock und Zylinder, den Rosenstrauß der Pariserin steif in der Hand, einsam die leere Dorfstraße entlang nach Hause schritt.

Was an diesem Abend politisch war, drang über den Kreis der Teilnehmer nicht hinaus. Manche, die vergessen wollten, vergaßen schnell.

Einigen jedoch war etwas klar geworden, und sie prägten es sich ein. Wir Elsässer, sagten sie sich, sollen die letzten sein, denen man erlaubt, unbehindert deutschen Geistesboden zu begehen — Von allen Völkern Europas sind die Franzosen dasjenige, das sich am schwersten assimiliert. Unsere alte, in Jahrhunderten erprobte, wirklich erstaunliche Kraft, uns die eingewanderten Fremden anzugleichen, hat, von geringen Ausnahmen abgesehn, dem Franzosen gegenüber immer versagt und wird auch weiterhin versagen. Um so mehr wird der Franzose sich anstrengen, uns zu assimilieren, das heißt nichts anderes, als unsere Eigenart zu vernichten. Er sprach gleich von einer Generation, die geopfert werden müsse, heute spricht er von zwei oder drei solcher Generationen, und seine Rede strotzt von jener Zuversicht, die keineswegs auf dem Genius der Nation, sondern auf dem Eifer der Polizisten und Propagandisten beruht.

Wir sollen die letzten sein, weil der Franzose im Elsaß ein kulturelles Glacis erhalten will, auch, wenn es einmal kein militärisches mehr ist. Französische Politiker, Gelehrte, Künstler dürfen sich erlauben, Beweise ihrer völkerversöhnenden, ja ausgesprochen deutschfreundlichen Gesinnungen zu geben, die man den Elsässern, am liebsten unter Androhung von schweren Strafen, verbieten möchte. Politiker wie Painlevé, Herriot und die jüngsten Radikalsozialisten ohne Ausnahme (von den Sozialisten nicht zu sprechen) suchen ehrlich eine Verständigung mit Deutschland, nicht wenige ein Bündnis. Die Elsässer sollen davon ausgeschlossen sein.

Wir Elsässer werden die echten „guten" Franzosen spielen müssen, wenn es sonst in Frankreich vielleicht gar keine mehr gibt. Wir sollen — sollen wir wirklich die letzten sein? Ich denke nicht daran! Ich für meine Person gehe mit der französischen Elite einem geeigneten Europa entgegen, dessen Herzstück der deutsch-französische Bund sein muß und sein wird. *En avant!* Uns voran schreiten Genies wie Victor Hugo und Jean Jaurès. Sie sind nicht einmal in der Verbannung gestorben. Sie ruhen im Panthéon, das die Inschrift trägt: *„Aux grands hommes la Patrie reconnaissante"*. So will ich denn wie ein kleiner elsässischer Meßbub hinter ihnen herlaufen und von Zeit zu Zeit ein wenig die Klingel rühren. Hier

wächst lieblicher Wein auf sonnegesegneten Hügeln . . . Und morgen ist auch noch ein Tag.
Die Welt, scheint mir, entwickelt sich nämlich ganz und gar nicht, wie der französische Propagandadienst im Elsaß es haben will.
Dies ungefähr war es, was einigen der Festteilnehmer klar geworden war, und sie vergaßen es nicht.

IV

Wir waren bei den blauen Flecken stehn geblieben, die meine Elsässer von der direkten Methode bekamen. Als die Burschen, von Camille Dahlet, dem heutigen Abgeordneten von Zabern, auf den Trab gebracht, endlich den Mut fanden, sich gegenseitig ihre Qual- und Schandmale zu zeigen, kam auch bald der Tag, da auf die Tische der Zunftstuben Fäuste zu regnen begannen. Das Ausschlagen der elsässischen Wurzel wurde zu einem wahren Parade- und Spektakelstück.
Nun war ja nicht alles veraltet in Frankreich, die Gesetze über die Laienschulen zum Beispiel waren verhältnismäßig frisch. Warum sie den Elsässern vorenthalten? Gehörten sie nicht in ihrer Weise ebenso zur direkten Methode wie die französische Unterrichtssprache? Die religionslose Schule ist die amtliche Schule der Republik und diese Republik eine einzige und unteilbare in jeglichem Sinne, sie reicht von den Pyrenäen bis an den Oberrhein. Ja, wie sollte man denn über-

haupt aus den Elsässern echte gute Franzosen machen, solange die Pfaffen die gegenrevolutionäre Hand im Schulbetriebe hatten? Kaum aber unternahm die Regierung einen schüchternen Versuch, von solchen Erwägungen zur Tat überzugehn, als die bisher respektvoll verschlossenen Türen der Zunftstuben wie von selbst aufsprangen und das Gepolter das Land erfüllte. Neben jeder klaffenden Tür stand einer unsrer robusten Abbés und deutete lächelnd hin:

,,Bitte, da schaut! Soweit habt ihr's getrieben.''

Kurze Zeit darauf erschien eine Zeitung, die zog offen gegen die Eine und Unteilbare vom Leder. Sie hieß *Die Zukunft* und fand, beinah geisterhaft umgehend, den größten Leserkreis im Land. Es arbeiteten Geistliche beider Konfessionen an ihr mit, und deshalb nannten die Gegner sie klerikal. In Wahrheit schlug sie sich mit den Opportunisten der katholischen wie der andern Parteien herum, sie kämpfte mit Dreschflegel und Narrenpritsche für die elsaß-lothringischen Heimatrechte, und diese gipfelten in der Forderung: ,,Gebt Elsaß-Lothringen die Autonomie innerhalb Frankreichs, wir können und wollen uns selbst verwalten.'' So wie die Dinge liegen und vom Standpunkt des jakobinischen Zentralismus, bedeutete es soviel wie die Quadratur des Zirkels.

Andre Zeitungen verwandter Art folgten. Weihnachten 1927 wurden sie unterdrückt und die Führer der Heimatbewegung ins Gefängnis geworfen.

Poincaré wollte nationale Wahlen im Elsaß. Er bekam autonomistische. Die heimatrechtlichen

Kandidaten, die im Untersuchungsgefängnis saßen, wurden, der losgelassenen Hölle zum Trotz, gewählt.

Und es zeigte sich, daß die autonomistische Politik auf alle Zeitungen und Parteien des Landes abgefärbt hatte, sogar, so komisch es klingt, auf die französische Propaganda, die im Verein mit den Schulbehörden den Bethlehemitischen Kindermord zu einer Dauereinrichtung gemacht hatte.

Die Regierung war nicht frisch-fröhlich genug gewesen, den Hochverratsprozeß gegen die Führer der Heimatbewegung vor den Wahlen stattfinden zu lassen. Als der Prozeß endlich am 1. Mai 1928 in Kolmar begann, erlebte das Elsaß und erlebte die Welt ein Schauspiel, über das man mir erlauben muß, möglichst schnell hinwegzugehn. Der Vorsitzende des Schwurgerichtes so gut wie der Generalstaatsanwalt war in seinem Innersten überzeugt, daß die Männer auf der Anklagebank keine ,,guten'', keine richtigen Franzosen seien und daß sie, wenn nicht in der Tat, so in Gedanken hochverräterische Handlungen begangen hätten. Von seinem guten Gewissen ermutigt, ließ er die Verhandlungen zu einem Gesinnungsprozeß ausarten, wie man seinesgleichen seit der Dreyfusaffäre nicht gesehn. Es war nicht leicht, die Geschworenen zu einem ,,Schuldig'' zu bewegen, obwohl man keine Mühe gescheut hatte, sie aufs beste zu sieben, und keine Mühe scheute, sie in Stimmung zu bringen. Der Generalstaatsanwalt mußte ihnen schließlich zu verstehen geben, daß den Angeklagten, die sie schuldig sprächen, die Härten des Gesetzes erspart blieben. So lief die Verurteilung derjenigen Angeklagten, die der Generalstaatsanwalt als besonders gefährlich bezeichnete, auf einen Mandatsraub hinaus, während die andern freigesprochen wurden.

Der Spektakel endete damit, daß Poincaré sich offen beklagte, er sei von seinen Ratgebern hinters Licht geführt worden.

Wenn man einen völlig unpolitischen Elsässer fragt, warum er bei den Kammerwahlen wieder für einen Autonomisten gestimmt habe (direkt oder indirekt, denn auch wer seinen Wahlzettel für einen elsässischen Kommunisten oder einen Kandidaten der katholischen Volkspartei abgab, stimmte in neunzig von hundert Fällen für die ,Heimatbewegung'), so wird der Mann folgendes antworten: ,,Ich will, daß die Jagd auf den *boche* aufhört. Denn der *boche,* den sie jagen, das bin ich und nicht der jenseits des Rheins. Ich will sprechen, wie mir der Schnabel gewachsen ist, ich will an Gesetzen und Einrichtungen festhalten, die besser sind als die entsprechenden Gesetze und Einrichtungen, wie sie gegenwärtig noch in Frankreich bestehn (wenn sie nicht völlig fehlen), denn daß sie deutschen Ursprungs sind, ist kein Grund, meine Lage zu verschlechtern. Ich will Briefe aus Deutschland empfangen, ohne scheel angesehn zu werden, tausend Familien im Elsaß haben Verwandte und Bekannte jenseits des Rheins! Wir sollen den Deutschen verabscheuen und also auch das Deutsche in uns. Das muß ein Ende nehmen! Ich will nicht, daß das Elsaß eine

Reservation des Hasses zwischen Deutschland und Frankreich bleibt. Die Lüge, die man uns aufzwingt, soll als Lüge erkannt werden. Denn wir empfinden nicht so, wie man von uns verlangt."

So ungefähr wird die Antwort des unpolitischen Elsässers lauten. Wenn man aber einen antiklerikalen Elsässer fragt, warum er für einen katholischen Heimatrechtler gestimmt habe, so wird er sagen: „Weil ich die Pfaffen weniger fürchte als die Polizei."

Auch unter Franzosen gäbe es keine elsässische Frage mehr, wenn es gelänge, die öffentliche Meinung im inneren Frankreich, vor allem in Paris, über das Wesen des Elsässers aufzuklären.

Alles, was seit 1871 die französische Literatur, das Chanson, die Malerei und Bildhauerei, ja selbst die Musik unter dem Vorwand des elsässischen Themas hervorbrachte, diente ausschließlich dieser Legende. Sie lautete: 1. Frankreich ist und bleibt ein unvergleichliches Ideal. 2. Das Elsaß ist ein rein französisches Land, der Elsässer ein (früher durch den Frankfurter Frieden, später, nach dem Krieg, durch die Wühlarbeit der deutschen Agenten) verhinderter Franzose.

Niemand hat mehr zur Erhaltung dieser Fiktion beigetragen als Maurice Barrès. Glaubte er selbst daran? Nein. In seinen Tagebüchern bekennt er seine Unfähigkeit, die östlichen Provincen um ihrer selber willen zu lieben, sie gälten ihm, schreibt er, nur soviel, wie sie zur Erhöhung der nationalen Energie beitrügen. Und über das Idealbild Frankreichs vermerkt er: „Mögen die Fremden fortfahren, in Frankreich ein Frankreich zu sehn und zu lieben, wie es im Ausland zu sein scheint, nämlich als ein Ideal. Im Elsaß mache ich es wie sie und gebe von Frankreich ein geschmeicheltes Bild." Die Mehrzahl der Franzosen aber glaubte an die Echtheit dessen, was nur eine Legende und leider auch eine Kriegswaffe war.

Weil ich nicht an die Quadratur des Zirkels glaube, glaube ich nicht an die Erreichbarkeit des autonomistischen Zieles. Wenn Frankreich unwahrscheinlicherweise seine Verwaltung je dezentralisieren sollte, würde es bestimmt nicht mit dem Elsaß beginnen. Jedenfalls möchte ich meinen Landsleuten nicht raten, so lange zu warten, und auch abgesehn davon, kann mich der Gedanke, den elsaß-lothringischen Landtag wieder aufleben zu sehn, nicht im geringsten entzücken. Aber ich glaube an die Möglichkeit, dem Elsaß zu seinem Recht zu verhelfen, ohne der ,einen und unteilbaren Republik' etwas von dem ihren zu nehmen. Es handelt sich nur darum, der Wahrheit zum Sieg zu verhelfen gegen die Legende. Die Wahrheit ist so einleuchtend, daß ein französischer Dichter sie auf die einfachste Weise aussprach, als er sagte: ,,Es wird keine elsässische Frage mehr geben, wenn ein Pariser, der mit einem Berliner durch das Elsaß fährt, aus dem Fenster zeigend in aller Gemütsruhe äußern wird: ,Wie deutsch ist das doch!'" Das Wort ist von Jules Romains, und er hatte den Mut, es auszusprechen, als die Verhaftung der Autonomisten halb Frankreich in Ekstase versetzte und die andre Hälfte mit zuversichtlichem Lächeln das alte Kriegswort sprach: *,,On les aura!"*

In der Tat muß jedem Franzosen aus dem Innern (und jedem Ausländer), der bei Montreux-Vieux oder Avricourt über die frühere Grenze fährt, die plötzliche Veränderung des Landschaftsbildes in die Augen springen. Die Siedlungen, die er rechts und links der Eisenbahn liegen sieht, sind keine französischen Dörfer mehr, es sind süddeutsche Dörfer, und wenn er seine Reise nach Osten fortsetzt und den Rhein überquert, so werden ihn die typisch alemannischen Dörfer und Städchen, wie er sie im Elsaß erblickte, noch eine ganze Weile auf dem badischen Ufer und bis nach Württemberg hinein begleiten. Diesem Landschaftsbild entspricht das Wesen des Elsässers. Er ist Alemanne, spricht einen alemannischen Dialekt, seine Städte stammen aus der Zeit, als sich das aufstrebende Bürgertum unter den unmittelbaren Schutz der Kaiser stellte, ihre Blütezeit fällt zusammen mit der Blütezeit der andern deutschen Städte rechts des Rheins. ,,Die elsässische Wurzel wird immer wieder ausschlagen."

Verdient nun die Doppelkultur des Elsässers auch mit staatlichen Mitteln, das heißt, durch Schule und Verwaltung erhalten oder gefördert zu werden?

Keiner wird bestreiten, daß man sich in Frankreich noch nie in solchem Maße für das geistige und wirtschaftliche Leben Deutschlands interessiert hat. Paris nimmt deutsche Dichter, Musiker, Schriftsteller nicht nur freundlich auf, sondern feiert sie sichtbar. Andererseits wurde das Repertoire der Berliner Bühnen lange Jahre von französischen Stücken beherrscht, es verging kein Tag, wo nicht eine deutsche Zeitung über das künstlerische und gesellschaftliche Leben in Frankreich berichtete, ein Vortrag über dasselbe Thema stattfand. Alle Franzosen, die in den letzten Jahren nach Berlin kamen, waren entzückt über die Aufnahme. Noch immer findet ein ständiger Austausch von Schülern und Studenten statt. Man hat Klubs, Gesellschaften und Zeitschriften gegründet, die ausschließlich der deutsch-französischen Verständigung dienen. Ein französischer Minister hat in der Preußischen Adademie das Wort ergriffen, führende deutsche Politiker waren in Paris gern gesehn. Die Abteilung des Völkerbundes für geistige Zusammenarbeit der Völker befindet sich im Palais-Royal. Vorübergehende Stauungen und Ableitungsversuche werden nicht viel an dieser Strömung ändern.

Nun sind alle Bewohner Elsaß-Lothringens, die fünf-, sechsundzwanzig Jahre alt sind und darüber, in deutschen Schulen aufgewachsen, und die Gebildeten unter ihnen verstehen vom deutschen Wesen im Guten und Bösen mindestens ebensoviel wie die meisten französischen Germanisten, und ‚in den Fingerspitzen‘ sitzt ihnen vermutlich einiges mehr.

Warum sollte Paris zu seinem Schaden hartnäckig versuchen, diese Masse geborener Vermittler auszurotten, statt sie für Frankreich dienstbar zu machen? Warum sollten nicht die höheren Schulen in Elsaß-Lothringen ein prädestiniertes Material hochzüchten und eine wachsende Schar von jungen Leuten sammeln, denen der geschulte Blick aus dem Fenster auf das nahe Deutschland Dinge lehren würde, wie sie ihren Kameraden aus dem Innern oft gar nicht oder mühsam und spärlich zum Bewußtsein kommen, eine Elite, der jenes geistige Laboratorium und Institut für vergleichende Völkerkunde anvertraut würde, als welches die Straßburger Universität (mit Ausnahme der Zeit von 1872 bis 1918) Jahrhunderte lang bestanden und gewirkt hat?

Gewiß sollen die jungen Geschlechter Französisch sprechen, von Frankreich wissen, was die anderen Franzosen wissen, sollen, mit einem Wort, Franzosen sein. Niemand wünscht, Elsaß-Lothringen als ein ziemlich verwahrlostes geistiges Ghetto zu erhalten und in solcher Gestalt, wie in Frankreich bei edeln, aber außer Gebrauch gekommenen Gebäulichkeiten üblich, als nationales Denkmal zu schützen. Aber es kann und soll gleichzeitig sein deutsches Erbe wahren.

Zudem nützt es nicht viel, dies Erbe zu bekämpfen. Denn: ,,Die elsässische Wurzel'', sagte Barrès, ,,wird immer wieder ausschlagen.'' Und damit sprach er auch einmal die Wahrheit.

Erlebnis der Grenze

Auch spreche ich von der Grenze zwischen Deutschland und Frankreich nicht nur, weil diese Grenze mein persönliches Schicksal ist und ich glaube, meinen Blick an dem Schnittpunkt zweier Völker besonders geschult zu haben. Nein, das Elsaß ist vor allem *der Prüfstein für die Aufrichtigkeit des Verhältnisses zwischen Deutschland und Frankreich,* und dann bin ich davon durchdrungen, daß dies Verhältnis entscheidend ist für die Zukunft des Kontinents, und zwar nicht in einer mehr oder minder fernen Zeit, sondern heute und morgen. Viele sind mit mir desselben Glaubens, nicht erst seit gestern.

Ich spreche von Franzosen, weil die Grenze heute von Frankreich beherrscht wird. In allem, was wir hier als Problem behandeln, im Wesentlichen und Prinzipiellen lagen die Verhältnisse zur deutschen Zeit nicht gar so viel anders. Ich nenne Beispiele aus der heutigen französischen Zeit — vergessen Sie nicht, daß sie doppelt schlagen. Ich halte es für meine Pflicht, ausdrücklich darauf hinzuweisen; denn wer mich auch nur flüchtig kennt, weiß, wie ich mein ganzes Leben, fast mit jeder Zeile, jedem Wort, für die Freundschaft der beiden großen Völker geworben habe.

Trotzdem hat der Generalstaatsanwalt in Kolmar mich einen ,,notorischen Franzosenfeind'' genannt. Sie lächeln. Sie haben sicher laut gelacht, als Sie lasen, es habe die Polizei im Elsaß nach den Autonomisten Dürer und Schongauer gefahndet, und ein Kommissar habe auf die Frage, warum er sie nicht erwischt habe, prompt die Antwort gegeben: ,,Weil sie in Berlin sitzen.'' Wem aber grauste es nicht vor dem plötzlich sich öffnenden Abgrund der Lüge, wenn er hört, wie ein alter Kämpe, den der Volksmund den ,,Löwen des Sundgaus'' nannte, ein früheres Mitglied des Reichstags, ein früherer Landtagspräsident von ältester elsässischer Abstammung, der Doktor Ricklin, bei allen Heiligen schwört, er habe seit dem Kriege mit keinem Deutschen in Verbindung gestanden, nicht einmal durch einen gelegentlichen Postkartengruß, mit keinem Deutschen, nicht einmal mit seinem frühern Kameraden und pazifistischen Gesinnungsgenossen Dr. Wirth? Er hätte es auch beileibe nicht wagen dürfen! Herr Wirth geht in Paris aus und ein und diniert mit französischen Ministern.

Solange wir denken können, bis weit in unsre Kindheit zurück, haben sich an unsrer Grenze der Deutsche und der Franzose gemessen, immer auf unsre Kosten. Wir mußten die Schiedsrichter abgeben auf dem Jahrmarkt der nationalen Eitelkeit, und wie wir auch ,,entschieden'', immer bekamen wir Prügel. Zu Tausenden leben an unsrer Grenze Menschen, die vor dem Krieg als Franzosenfreunde galten, und heute gelten sie mit ebensolcher Bestimmheit als Deutschenfreunde. Des Rätsels Lösung wäre einfach genug: sie sind beides zugleich.

Die nationale Eitelkeit läßt diese Lösung nicht zu.

Es ist ein Verbrechen, gleichzeitig den Angehörigen der beiden Völker freundlich gesinnt zu sein
— und doch gar nicht anders möglich, da seit
tausend Jahren die Angehörigen der beiden Völker sich immer wieder auf unserm Boden begeg-
net sind, viele Familien Deutsche wie Franzosen
in sich schließen und die Fäden der Freundschaft
sowohl über den Rhein wie über die Vogesen laufen. In der Tat waren wir durch die Jahrhunderte
eine fließende Grenze, gerade wir, noch unter den
Bourbonen wurden wir als *Province effectivement étrangère* geführt. Darum erschraken wir
nicht wenig, als die deutsche Regierung den Paß-
zwang für unsre französischen Verwandten ein-
führte, und können uns erst recht nicht daran ge-
wöhnen, daß unsre Heimat als das letzte Reservat
des Deutschenhasses erhalten bleiben soll. Wer
im französischen Elsaß hätte je von Autonomie
geprochen, wenn man die Leute hätte reden und
beten lassen, wie ihnen der Schnabel gewachsen
ist? Ein Franzose aus dem Innern kann sich deutsches Wissen und Wesen aneignen, soviel er nur
will, er kann mit einem Stipendium nach Berlin
gehen, deutsche Freunde bei sich empfangen, mit
ihnen korrespondieren und sich offen aussprechen, ohne Gefahr zu laufen, vom Polizisten an
der Ecke, von der Köchin oder dem Postbeamten
als Verräter gebrandmarkt zu werden. Den Ein-
geborenen von Elsässisch-Tibet bleibt dies versagt.
Wer erfahren will, bis zu welchem Grad nationale Eitelkeit und eine von ihr beratene Politik eine
pathologische Angelegenheit, eine echte, schwere

Krankheit ist, der braucht nur mit offenen Augen und Ohren an die Grenze zu gehen.

Haben Sie einen guten Bekannten in Paris gehabt, einen intelligenten, kultivierten Franzosen? Nun, angenommen: er ist nach dem Krieg in das Elsaß versetzt worden, Sie besuchen ihn dort und gehen mit ihm in der Straßburger Orangerie spazieren. Es kann übrigens auch ein Elsässer sein, einer von denen, die sich entschlossen haben, für ihre Person (und die andern) das Problem zu lösen, indem sie sich ganz und gar als Franzose fühlen und betätigen. Meine Damen und Herren, Sie mögen noch so gewillt sein, einem politischen Gespräch mit Ihrem Bekannten aus dem Weg zu gehen: jeder Elsässer, dessen Sie mit ihm gedenken, wird von der Politik gezeichnet sein, auch in seinem persönlichsten Leben, jedes Schicksal, dem Sie nachfragen, wird die schärfsten Eingriffe jener besonderen Art von Politik zeigen, zu seinem Glück oder Unglück, die kleinste Veränderung im Park wird eine Betrachtung zeitigen, die unvermeidlich über das einfache Früher und Jetzt hinausgeht (bei dem es überall anders bleiben würde). Warum? Weil das Früher und Jetzt hier an der Grenze, ob man will oder nicht, zwei Völker aneinander mißt, und weil die lange Feindschaft dieser Völker die Dinge selbst verfeindet hat, große und kleine. So kann die gärtnerische Frage, ob ein geschlagener Baum im Park, der zur deutschen Zeit noch stand, vielleicht besser stehengeblieben, eine Blumenrabatte in andrer Anordnung wirksamer wäre, augenblicks zum unfreundlichsten Tummelplatz eines deutsch-französischen Wettbewerbs werden, wo nicht persönliche Anschauungen oder Maßstäbe des Geschmacks, sondern *politische Voreinge-nommenheiten* allgemeinster Art einander das Treffen liefern, vielmehr kurz und bündig einander auf den Kopf schlagen. Sie werden Ihren alten Freund nicht wiedererkennen. Es gibt einen Grenzkoller, wie es einen Tropenkoller gibt.

Wenn das Elsaß in seiner geschichtlichen und seelischen Struktur auch anders gelagert ist als andre gefährliche Grenzen, so muß sein Problem im Kern doch auch das Problem jener andern Grenzen sein. Dafür hat der Verfasser eines Romans, der das wieder französisch gewordene Elsaß behandelt, aus südlichen und östlichen Grenzbezirken Zeugnisse erhalten, von denen einige so weit gehen, zu sagen, man brauchte nur Namen und äußere Umstände zu ändern, um aus dem Buch ein treffendes Bild jener Landstreifen zu gewinnen.

Meine Damen und Herren, wer den Willen und die Ausdauer hat, die Grenze zu erleben, wird sie in sich überwinden wollen. Sonst wäre er geflohen oder hätte sich in irgendeinem elfenbeinernen Türmchen eingeschlossen. Der heutige Elsässer will sich nicht nur als französischer Staatsbürger fühlen: er soll Frankreich lieben lernen, ohne Deutschland zu vergessen, und das heißt wohl: dem Deutschen in sich treu bleiben. Es wäre wünschenswert, daß Frankreich davon Gebrauch machte. Jedenfalls gehört das Deutsche zum Wesen des Elsässers. Überwindung der Grenze bedeutet Überwindung der nationalen Eitelkeiten und Gewaltansprüche. Allen an der Grenze, dem Einheimischen wie dem Fremden, stellt sich dieselbe Aufgabe, ja gerade dem Fremden, der es darin natürlich schwerer hat als der Einheimische, von dem es aber auch hauptsächlich abhängt, ob Friede werden oder der Krieg ewig weitergehen soll. In unserm Fall: nicht nur Krieg oder Friede an der Grenze, sondern Freundschaft oder Abneigung zwischen Deutschland und Frankreich. Nur wer gelitten hat, versteht zu lieben. Glauben Sie nur nicht, daß den Franzosen im Elsaß wohl zumute ist! Auch sie leiden hundertfältig: in ihrem Siegerstolz, in ihren eingewurzelten Anschauungen, die sie aus dem Innern mitgebracht haben, viele sogar in ihrem ehrlichen Weltbürgertum. Denn das geprügelte elsässische Kasperle schlägt gelegentlich schlecht genug zurück und daneben.

Wo heute sich noch der laute und wirre Jahrmarkt der Eitelkeiten tummelt, kann morgen *der Garten der deutsch-französischen Freundschaft* im Licht stehen. Nur *hier:* wenn das Votiv der Freundschaft ehrlich gemeint sein soll. Hier war die Reibung zwischen den Völkern, auch ohne ihr Zutun, von jeher am stärksten und ist es noch — spielt doch das Drama hier im Innern eines und desselben Menschen! Das Problem dieser Grenze ist das gemeinsame, heimliche Problem der beiden großen Völker. Es geht um die wahre Vertrauensfrage. *Hier an der Grenze fällt die Verständigung am schwersten. Hier muß sich zeigen, wie tief sie geht.*

Aus einem Brief

Heute schon wüßte ich keine zwanzig Menschen in der Heimat zu nennen, die von französischer oder deutscher Kultur *gleichzeitig* so durchdrungen wären, also den Idealtyp des Elsässers darstellten, wie etwa Romain Rolland, Jean Giraudoux, Prof. Hesnard, Prof. Henri Lichtenberger, Félix Bertaux, verschiedene andre Germanisten, eine ganze Reihe von Technikern, Ärzten und Wirtschaftlern im innern Frankreich, in Deutschland die Brüder Heinrich und Thomas Mann, Albert Einstein, Alfred Kerr, Prof. Platz, Prof. Ernst Robert Curtius, Bergsträsser, Theodor Wolff, zahllose Maler und Musiker, Gelehrte und Ingenieure — vom verstorbenen Rainer Maria Rilke, einem geborenen Prager, und Walther Rathenau ganz zu schweigen, die nicht nur vollendet französisch sprachen, sondern auch imstand waren, französisch zu denken. Dabei ziele ich nicht auf das Talent dieser Menschen, sondern auf ihre Bildung. Die *Deutsch-französische Gesellschaft* in Berlin, ihre Schwestergesellschaft in Paris leistet in vorbildlicher Weise, wozu ich heute im Elsaß kaum den Ansatz sehe. Und gerade weil man in Deutschland unendlich mehr von Frankreich weiß als hier von Deutschland, sollte die nächstliegende Aufgabe der jungen Generation Elsässer darin bestehn, erst einmal nach dieser Seite hin zu vermitteln, wofür freilich die völlige Beherrschung des Französischen die Vorbedingung wäre.

An eine ernstliche Gefährdung unseres Volkstums glaube ich nicht. Die Scheidung der Sprachgeister geschieht erst in den höheren Schulen. Unsre Bevölkerung ist so stark bäuerlich, daß der Kontakt zwischen ihr und den in die höhere Bildung „aufsteigenden" Kindern nicht reißen kann, es sei denn, die Kinder wanderten aus. In diesem Fall pflegen schon die Enkelkinder der Heimat völlig entfremdet zu sein. Die Gefahr für das Elsässertum besteht deshalb ausschließlich in der Auswanderung.

Es versteht sich von selbst, daß wir die Generation verteidigen, die ausschließlich deutsch spricht, schreibt und denkt. Wer möchte ruhig zusehn, wenn man sich anschickt, sie im Ernst zu *opfern!* Ein solcher Seelenmord ist unannehmbar, auch, wie ich mich oft überzeugt habe, für denkende und unfanatisierte Franzosen aus dem Innern. Die Verwaltung allerdings scheint darüber anders zu denken. Sie hat aber auch das Gegenteil von dem erreicht, was sie bezweckte. Kulturell führt ihre Methode zu einer Doppel-Unkultur primitivster Art und selbst in Ausnahmefällen (bei besonders sprachbegabten Volksschülern) zu einem reinen Blendwerk. Auf den höheren Schulen ist das Übergewicht des Französischen so gewaltig, daß man wirklich keine Angst vor dem Deutschen zu haben brauchte, ja, ich bin der Meinung, daß man dort das Deutsch vor dem Neophyteneifer der Jungen geradezu schützen müßte, zumal da ihnen die deutschen Kulturgüter keinesfalls so leicht zufließen wie die französischen.

Ich selbst, wenn ich dies erwähnen darf, konnte mit acht Jahren, bei Eintritt in die Vorschule des Gymnasiums, abgesehn von ein paar Dialektbrocken, gar kein Deutsch, meine Mutter ist gestorben, ohne ein Wort Deutsch zu verstehn, wir sprachen zu Hause nur französisch. In der Quarta schrieb ich bereits die besten deutschen Aufsätze. Natürlich stützte mich der Dialekt, sicher wirkten auch Imponderabilien des väterlichen Erbes mit, das durch zahllose Geschlechter auf den Schollen des Mutziger Rebberges, in der Straße des Städtchens und im kirchlichen Leben gewachsen war. Ich habe sogar lange geglaubt, beides zusammen sei entscheidend für meine Entwicklung gewesen. Jedenfalls hat sich, zumindest sprachlich, die höhere Schule als stärker erwiesen als die Muttersprache, die bei mir, wie gesagt, rein französisch war. Frankreich, mit seinem geistigen Drill, überschätzt im allgemeinen die höhere Schule, nur im Elsaß, merkwürdigerweise, unterschätzt es sie.

Ich meine also:

1. Selbstverständlich muß die deutscherzogene Generation vor der Verbannung in die geistige Wüste geschützt werden. Sie hätte sogar das Recht, politisch schlankweg als „deutsche Partei" aufzutreten, wie die Deutschen in der Tschechoslowakei es auch tun, wo sie oft sogar zur Regierungsmehrheit gehören mit Vertretern im Kabinett.

2. Der Elsässer enhält die Vorbedingungen für einen „ehrlichen Makler" zwischen Frankreich und Deutschland von Geburt in höherem Grad

als ein geborener Deutscher oder Franzose. Aber
auch nur die Vorbedingung. Er muß sie entwickeln. Er muß sie sogar hoch entwickeln, wenn
er seine geistige Ausnahmestellung als Stamm,
die er beansprucht, rechtfertigen soll. Wenigstens
ein gewisser Durchschnitt sollte, wenn auch in
bescheidenem Format, das sein, was die oben genannten Deutschen und Franzosen als Vertreter
eines geistigen Reiches darstellen, wie es, zu unserm Unheil, politisch seit tausend und etlichen
Jahren leider nicht mehr besteht und das wir heute gemeinhin *Europa* nennen. Um das fertigzu-
bringen, muß er allerdings aus dem Turm heraus.
Türme sind überhaupt ein unhygienischer, von
niederen Nagetieren bewohnter Aufenthalt.
3. Bis jetzt dreht sich die Bemühung um die Vermittlerrolle des Elsasses (von ganz wenigen Ausnahmen abgesehn), um die *Parole* der ,,Brücke" —
die Brücke selbst ist meistens menschenleer. Mit
der Zeit muß das etwas komisch wirken!

Erlebnis der Landschaft

Ich erinnere mich, wie ein junger Dichter, der den Krieg als Artillerieleutnant mitgemacht hatte, mich um das Jahr 1921 besuchte. Er kam müde und verstimmt aus dem Ruhrgebiet, wo er Monate unter Tag gearbeitet hatte, um Geld für sein Studium zu verdienen. Ich führte ihn auf einen Berg und zeigte ihm die Schätze der Erde. Kaum aber ergriff ihn die Schau über die Rheinebene, die Vogesen, die Weinberge, die dem südlichen Schwarzwald vorgelagert sind, und wollte ihn entrücken, als auch schon das wiedergewonnene Freiheitsgefühl in ihm sich seltsam empörte. Sein Artilleristengehirn begann nach Deckungen, Richtpunkten zu suchen, in einer Art Schwärmerei führte er Krieg mit Kanonen in dem gewaltigen Garten, der sich seinen Blicken darbot. Er verließ uns, ohne etwas andres von hier mitzunehmen als die Erinnerung an eine etwas phantastische Reliefkarte eines Kriegsschauplatzes, in die er allerhand Einzeichnungen gemacht hatte. Dabei hatte der Krieg ihn nie in diese Landschaft geführt, er sah sie zum erstenmal.

Seitdem weiß ich: auf ihrem langen und vielfältigen Rückzug aus dem Krieg werden die Jungen nur mühsam und mit stockenden Pulsen zur Landschaft, zu ihrer Kindheit zurückfinden. Sie werden vierzig Jahre alt werden, bevor sie von neuem unschuldige Erde betreten, bevor mit der sich verflüchtigenden Zweckhaftigkeit des Blickes die Bereitschaft zur Empfängnis wiederkehrt. Mit Politik hat das nichts zu tun, nicht einmal damit, in welchem Geiste einer den Krieg erlebt hat. Für alle war der Krieg da: Mondlandschaft, wissenschaftlich erzeugtes und beherrschtes Erdbeben, Zusammenbruch. Alle, die ihn erlebt haben, hat er erst einmal um und um gekehrt.

Um das Maß der Unschuld, der Glücksfähigkeit in sich zu ermessen, trete man vor die Landschaft. Selbst bei Künstlern, die keine oder nur eine geringe Beziehung zur Landschaft zu haben scheinen, etwa (um zwei Gipfel und Gegensätze zu nennen) Dostojewski und Raffael, stellt sich das Werk auf seinem Höhepunkt als geheimnisvoll verwandelte Landschaft dar, oder, mit einem Wort von Novalis: das Äußere, das Werk ist ihr „in Geheimniszustand erhobenes Innere", das Innere aber wiederum unbedingt das Abbild einer Landschaft, nämlich der Kindheit.

Andere, die so beschaffen sind, daß die Landschaft unmittelbar zu ihnen spricht und denen der Umgang mit ihr zur zweiten Natur geworden ist, empfinden sie als ein lebendiges Wesen, lesen ihr Leben von ihren Zügen ab, hören sie für sie sprechen, wandern in ihr wie mit der lautlosen Einen oder dem dramatischen Chor, der bald Freund ist, bald Feind. Am tiefsten gestaltet sich diese Zwiesprache, wenn es sich um die Heimat handelt, das heißt die naturgewordenen Worte und Gebärden der Vorfahren, die mütterliche Form, die uns gebildet.

*

Im südlichen Schwarzwald liegt ein kleiner Kurort, Badenweiler. Er verhält sich zu Baden-Baden wie Kammerspiele zum großen Theater. Er trägt ein adelig stilles Gepräge. Von den Waldwegen sieht man in die Schweiz und das Elsaß hinein. Es ist, seitdem das Elsaß wiederum zu Frankreich gehört, eine Dreiländerecke. Hier wachsen Pappel, Edelkastanie und Rebe. Es gibt Pinien und Zypressen, ein dem Ort seitlich vorgelagerter Hügel, den heute ein herrlicher Buchenwald bedeckt, heißt der Ölberg, weil die Römer, die auch die Rebe hierher brachten, dort ihre Ölbäume stehen hatten. Durch die Burgundische Pforte, zwischen Vogesen und Jura, das Einfallstor der Völkerwanderungen, eilen die Gedanken in das Reich des Lichts mit der himmlischen Küste, in Roms „Provinz", die Provence. Nach Avignon ist es nicht weiter als nach München, nach Marseille nicht weiter als nach Berlin. Hier habe ich mein Zelt aufgeschlagen.

Als ich noch den Platz suchte, wo ich mich niederlassen wollte, traf ich den Maler Emil Bizer, und dem war es gleich so klar wie der Herbsttag, der uns zusammenführte, daß es nur hier sein könnte. Er nannte mir keine Gründe, sondern ging mit mir spazieren. Wir sprachen nicht viel, aber vom ersten Tag an gingen wir nebeneinander her wie Freunde, die Wege und Waldwinkel ihrer Kindheit aufsuchen. Vom Hochblauen hinab zum Rhein, von Freiburg bis Basel, Blatt um Blatt des Bilderbuches schlug Bizer mir auf, mit leichtem Finger, schon im Weiterwandern, mit einem guten, flüchtigen Ernst in den Augen, der zu fragen schien: „Erinnerst du dich?"

Und wenn etwa von Paris oder Berlin die Rede war, so sprachen wir davon wie zwei rheinische Alemannen, die mit Freude und Gewinn in Paris und Berlin gewesen sind. Einmal war eine Dame mit uns, die fiel bei dem Wort „Paris" in eine Art Rauschzustand — gleich rühmten Bizer und ich das nüchterne, wuchtige Basel. So fand ich nicht nur einen neuen, schönen Winkel meiner schönen, alten Heimat, sondern zu dieser Landschaft auch gleich einen Kameraden.

Wir sind nebeneinander aufgewachsen, Bizer rechts, ich links des Rheins, im großen gegründeten Garten zwischen Vogesen und Schwarzwald, der so eins und unteilbar ist, daß die politischen Grenzen deutlich als eine Fiktion erscheinen.

Es ist die Landschaft, die im *Simplizissimus* Grimmelshausen, auf einem Vorberg des Schwarzwaldes sitzend, als die Gegend schildert, „in welcher die Stadt Straßburg mit ihrem hohen Münsterdom, gleichsam wie das Herz mitten in einem Leibe beschlossen, hervorprangt", und die Philesius am Ende des fünfzehnten Jahrhunderts in seinem Vogesengedicht überaus anmutig besang:

„Hier wächst lieblicher Wein auf sonnengesegneten Hügeln . . ."

Wird nicht jeder Badener, dem ich das Gedicht vorsage, lächeln wie einer, dem man von seiner vertrauten Liebe spricht? Nicht minder erkennen wir Elsässer in Hebels Gedichten und Geschichten und selbst in Thomas Bildern den Abglanz

unsrer Täler und Hänge. Daß sie dennoch verschieden sind, erhöht den Reiz der Familienähn-
lichkeit. Links des Rheins sind die Menschen lebhafter, glatter, aufgeweckter in jeder Beziehung,
die Berge spröder und abseitiger. Auf dem rechten Ufer verhält es sich gerade umgekehrt. Da
sind die Berge ein einziger, weitgeöffneter Park,
alte Rast- und Erholungsstätte, wo schon alle
Sprachen der Erde geklungen haben, die Bewohner aber eckiger, unzugänglicher, vielfach noch
ganz in sich versunken. Der Fremde sieht den
Unterschied greifbarer bei den Menschen, wir
Alemannen empfinden ihn stärker in der Natur.
(Um die Unterschiede in einer so kunstvoll ge-
schlossenen Landschaft zu erkennen, muß man
darin leben, die Unterschiede des Temperaments
stoßen dem Fremden eher auf.) Im übrigen sehen
die meisten, wie sie sehen wollen, nämlich politisch. Weshalb über keinen Erdenfleck so viel al-
bernes Zeug geschrieben und geredet worden ist
wie über diesen.
So ist das alemannische Rheinland.
Hier bin ich geboren. Hier bin ich zu Hause. Heimat, das ist für uns eine so köstliche, so leben-
dige Tatsache, daß wir darüber die unvermeidli-
chen Irrwege vergessen. Menschen und Umstände können uns die Heimat vorstellen, so daß wir
nicht zu ihr hinfinden, sie verloren geben. Aber
immer sind wir selbst es, wir allein, die ihr, notge-
drungen oder leichtfertig, untreu werden, und
wir brauchen nur reinen Herzen *da zu sein,* um
den Ursprung wiederzufinden.
Es geschah mir nicht selten, daß mir hüben oder

drüben des Rheins, hier in meiner Heimat, das Aufenthaltsrecht bestritten wurde, nicht gerade polizeilich, aber moralisch. Ich wußte dann nie, sollte ich weinen oder lachen über die Leichtfertigkeit eines zufällig in diese Gegend gewehten oder als Ladenhüter hier zurückgelassenen Zeitgenossen, der sich beschwerte, daß ich denselben Boden mit ihm trete: den Boden, mit dem alle meine Vorfahren ins Grab gegangen sind und worin sie treu liegen, dort, wohin sie gehören, in der großen alemannischen Familiengruft. Und auf dem ich nicht als Gewerbetreibender oder Verwaltungsbeamter stehe, bereit, einen andern Laden aufzutun, der sich besser verzinst, oder einem neuen Herrn zu dienen, wenn der alte bankrott ist, sondern als lebendiges Gewissen und lebendiges Lied dieser Landschaft.

Nein, wohin wir, im höchsten wie im gewöhnlichen Sinne, gehören, was *Heimat* ist, das wissen wir besser und um so mehr, als unser Horizont keineswegs im Umkreis unseres Nestes beschlossen liegt. Wir sind weit gewandert, haben viel von der Welt gesehn, fremde Völker und Meere genug, wir werden hoffentlich noch oft den Wanderstab ergreifen. Wir verwechseln nicht den Hahn unsers Kirchturms mit der (übrigens recht irreführenden!) Freiheitsstatue im Hafen von New York oder anderen Sichtpunkten des Weltverkehrs. Aber mein Blick wandert vom Tisch zum Fenster hinaus auf die Hügel, die sich in die Rheinebene senken, und weiter zu der Linie der Vogesen, und ich genieße die gleiche Freude, wie wenn ich die Bewegung von Gemüt und Sinnen, die der Blick erzeugt, aus den Augen eines geliebten Wesens schöpfe. So persönlich sind für uns die Züge dieser Landschaft. So angefüllt mit Erinnerungen, Versprechen, Bekenntnissen.

Da sind Hügel (auf einem davon sitzt eine Ruine), wirklich wie von spielenden Engelshänden zusammengeschoben, und auch die beiden Sperber im unendlichen Himmel haben nicht mehr Gewicht als das Phantasiegebild eines Kindes. Dort eine bitter zerraufte Tanne: sie trotzt an der Nordecke eines Vorberges, wo der Wind sie zerreißt, das Moos sie auffrißt. Nur um weniges entfernt zeigt sich eine vergnügte Baumgruppe, hier nämlich scheint die Sonne, das Grün strotzt von Saft und Licht, und dann folgt am Fuß des Buckels ein Etwas, nichtssagend, die Holzwolle des ausgeleerten Spielzeugkastens, ein Schatten, ein paar Punkte — das ist der kleine Kurort, Badenweiler. Die Art, wie er in das Bild gehaucht ist, so daß es nur herausfindet, wer die Landschaft genau kennt, dem aber, der es entziffert, das Herz höher schlägt, das klingt mir wie ein Gedicht im Ton eines Volksliedes.

Was sehe ich noch? Einen dieser selben Hügel, die sich eben noch fröhlich aneinanderduckten, jetzt aber, nah und groß gesehen, erhebt er sich, gewitterhaft aufglänzend unter dem Fetzen Himmel, der aus der Rheinebene herüberhängt. Alles an ihm ist Bewegung — Bewegung wie in einer alten Tragödie. Dann einen Vorberg, hinter dem die Hügel sich in hängende Weingärten verwandeln, und zuletzt stößt der Blick unter einem aufschwebenden Vorhang in die Ferne, wo die Umrisse der Vogesen sich mit denen der Wolken vermischen. Manchmal liegen Berge und Tal im Dunst, dann herrscht über der Ebene die Weite des Meeres.

Jetzt ist die elsässische Ebene zum Greifen nahe — morgen wird es regnen! Deutlich erkenne ich das Rheindorf, das dicht am Strom liegt, über die Ziegeldächer schweift das Auge, über den Rhein und die elsässische Ebene (mit der italienischen Pappel im Wappenschild), die Vogesen krönt am Abend ein lichtes Wolkengebilde, und alles strahlt in jugendlicher Anmut, in einem Singsang von Licht.

*

Als ich hierher kam, war ich ein toter Mann. Für immer schien sie mir zerstört, die herrliche Welt, und ich wußte keinen Ausweg aus den Trümmern, wo es von den Hyänen des Schlachtfeldes wimmelte und den Schakalen der Lüge und den Schlangen, die bei der Verwesung wohnen. Wie unzählige andre ging ich in einem bösen Wachtraum umher, in den Städten schossen und schrien sie weiter, und so viel glaubte ich erfahren zu haben: mit Schreien und Schießen war den Menschen nicht zu helfen. Ich war bescheiden geworden, ich erhob meinen Anspruch nicht mehr zu den andern, was gelten sollte, mußte erst einmal für mich gelten. Und mir jedenfalls war mit allem Händel nicht einen Schritt weiter zu helfen, dies wußte ich und sagte es mir vor, während ich über Hügel und Täler lief und hart arbeitete, um für mich und die Meinen die notwendigsten Lebensmittel zu beschaffen.

Zwei Jahre vergingen so, drei, vier — ohne daß ich mehr dachte und begehrte, als mein Leben zu fristen, versteckt und halb verschollen, doch immer inniger befreundet mit der Landschaft, der Kindheit, die mich voll unerschöpflichen Mitgefühls umgab.

Sie sprach zu mir, ohne daß ich es hörte, kaum, daß ich nachts im Hochwald den Laut der kleinen Wasser vernahm. Ich schien nicht zu hören, und jedenfalls lauschte ich nicht. Ohne es zu merken, öffnete sich mein Wesen weiter und weiter, die äußeren Bilder durchfluteten mich, wie ich, weit aufgeschlossen, durch die Jahreszeiten schritt. Ich ahnte nicht, daß diese äußern Bilder, wie der körperliche Blick sie streifte, Gestalt und Farbe meiner tiefsten Erinnerungen waren, die sich anschickten, von meinem ausgehöhlten Menschen Besitz zu ergreifen. Und langsam aufwachend, bildete sich mein zerstörtes Inneres neu nach dem Bilde der Landschaft, die meine Wahrheit war, Wurzel und Krone des Lebens, sie und nichts andres.

Ohne daß ich gerufen hatte, wurde mir eines Nachts, als ich abgemüht nach Hause kam, die Anwort — die *erste,* ungeahnt, überwältigend. Wie alles Vollendete enthielt sie mit dem ersten zugleich auch das letzte Wort. Beim Anblick meines langen, niedern Hauses am Rande des Hochwalds trat ich, von einer Ekstase erfaßt, in das Geheimnis allen Lebens ein. Ich fühlte in seliger

Erschütterung, von der die Nacht lautlos wider-
hallte, die Vermählung der Landschaft mit meinem wiedergefundenen und geläuterten Ich. Als
schwacher Abglanz nur und trüber Laut blieb
mir von dieser Stunde ein Gedicht.

Ich wandere
Am schwarzen Wald entlang
Nach Haus.
Aus einem einzigen Stern am Himmel
Bläst der Wind
Immer den gleichen Funken,
Als fürchte er die Nacht im Wald
Und hüte für das Tal, das sie bedroht,
Dies Lichtlein in der Not.

Plötzlich gießt der Mond
Sein Füllhorn aus!
Der Hügel blüht als Weißdornhecke
An einem See,
Darinnen Dorf und Tal versunken.
Mein weißes Haus, die Arche,
Schwimmt darauf
In atemvoller Stille.
Nicht einmal die Hunde rühren sich,
Da ich den Hof betrete,
Im Traum nur hören sie mich kommen.
Süß beklommen,
Öffne ich die Tür und trete
In ein Geheimnis ein.

Im dunkeln Zimmer,
Im dunkeln Bett,
Die Augen geschlossen,
Im dreifachen Sarg,
Sehe ich den Weißdornhügel,
Von seinem Licht umflossen,
Und, wie es sich von ihm löst,
Mein Haus, die Arche,
Auf dem breiten Tale schwimmend,
Das wiederum ein See ist
Wie vor Tausenden von Jahren.

Weihnachtswunsch 1933

Im nächsten Krieg würde das Elsaß vermutlich die tragische Rolle zu spielen haben, die im vergangenen Krieg Verdun zufiel.

Niemand bei uns kann dieses Bild vor Augen haben, ohne sich schaudernd bereit zu fühlen, für die Erhaltung des Friedens den höchsten Preis zu zahlen.

Die radikalen Pazifisten aber, die zu *jedem* Preise bereit wären, so hoch er sei, wenn er nur den Frieden erhalte, mögen bedenken, daß es Preise gibt, die nur genannt werden, um den Gegner zu *zwingen*, sie abzulehnen. Von dieser Art war das österreichische Ultimatum an Serbien im Juli 1914 und das Ansinnen Deutschlands im gleichen Monat, Frankreich möge als Beweis seiner Friedensliebe seine wichtigsten Festungen von deutschen Truppen besetzen lassen.

Die Geschichte kennt viele solcher ,,Friedenspreise". Es sind keine ernstgemeinten Angebote, sondern Herausforderungen.

*

Wie verhält sich in solchem Falle ein Pazifist?

Der Tolstojaner ,,wehrt nicht dem Übel". Er duldet das Böse und erduldet es — in der Hoffnung, das Gute werde zuletzt doch die Oberhand gewinnen, ja, vielleicht werde schon in Bälde der Ungerechte, falls Gott ihn siegen läßt, die höhere Gesittung des Besiegten annehmen, womit die

Gerechtigkeit in der Welt auf edle Weise wiederhergestellt wäre. Der Kommunist aber war noch vor kurzem der Meinung, für den proletarischen Angehörigen kapitalistischer Staaten sei es völlig gleichgültig, wer siege. Prolet bleibe Prolet, welche Fahne auch immer über den Zwingburgen des Kapitalismus wehe. Das war der proletarische Pazifismus . . . Er ist bekanntlich abgesagt. Der Prolet hat — vorläufig — ein Vaterland und muß es verteidigen.

Auch den Tolstojanern (wie sie sich auch nennen mögen: Christen, Quäker, Gewissensverweigerer usw.) beginnt es zu dämmern, daß kein Recht zu bestehen vermag, wo die Macht fehlt, es zu schützen.

*

Übrigens gilt in den totalitären Staaten der Pazifist (von je schon ein Ungeheuer, halb Lamm, halb Esel) als der öffentliche Feind Nr. 1. Er ist schlimmer als ein Franktireur. Er betreibt den Mikrobenkrieg bereits im Frieden, er vergiftet die Brunnen, saugt der Jugend das Mark aus, verwüstet die Gesinnung der Nation, kurz er versteift sich auf das Unternehmen, aus Wölfen und Hyänen umgängliche Menschen zu machen, was nicht nur den Staat gefährdet, sondern die Zivilisation schlechthin.

Wohin kämen wir ohne die ständige Kriegsgefahr, die jede Generation tragen muß wie ein Kreuz, und das sie gewissermaßen heiligt? Wo bleiben die echten Ideale, Manneszucht, Opferbereitschaft, der heldische Mensch, ohne das Stahl- und Gasbad des Krieges?

Was täte Homer, hätte er nicht einen Achill zu besingen? Soll die Kunst, die Philosophie, die Wissenschaft nur noch alten Weibern zu sagen haben?

Nun gibt es freilich zweierlei Pazifisten: inländische und ausländische. Ausländische Pazifisten werden als Bemannung des Trojanischen Pferdes angesehen und leidlich geachtet, zuweilen ausgezeichnet. Sie sind Idealisten oder sogar Menschen, denen der Haß nicht den klaren Blick trübt, Zeugen und Verfechter des Rechtes. Der Spaß hört auf, wenn die gleiche Menschensorte sich zu Hause betätigt. Dann heißt sie Ferkel, die das eigene Nest beschmutzen.

Und ist nicht in Wahrheit der Krieg der Vater aller Dinge?

Darauf kann man nur antworten: das war Saturn auch — und richtig, fraß er zuletzt seine eigenen Kinder.

*

Die Schule, die wir heute durchmachen, ist hart aber lehrreich.

Ich schließe mit der Nutzanwendung des Gesagten auf unsere Heimat.

Wir brauchen ein in sich geschlossenes Elsaß, ein Elsaß, das auf seinem von der Natur, der Geschichte und seinen Neigungen angewiesenen Standpunkt beharrt, ohne für sein berechtigtes und unberechtigtes Mißvergnügen ein Heilmittel

in einer ihm völlig fremden Staatstheorie zu
suchen (was um so verlockender sein mag, als
man von der Praxis durch ansehnliche Schranken
geschützt ist). Ich glaube, daß ein elsässisches
Elsaß, nämlich eins, das aus deutschem und französischem Wesen gemischt und unbestritten und
unmißverständlich französischer Boden ist, tat-
sächlich zur Erhaltung des Friedens nicht wenig
beitragen kann. Von Jakob Sturm bis Barrès haben alle bedeutenden Geister unserm Land eine
Vermittlerrolle zwischen Deutschland und
Frankreich zugewiesen. Es läge kein Grund vor,
diese Haltung zu ändern. Hitler ist ein Diktator,
kein Usurpator. Das deutsche Volk hat ihn gewählt. Diese Plebiszite sind nicht mehr und nicht
weniger wert als die der beiden Napoleon. Was
in Deutschland vorgeht, ist interessant bis zum
bleichen Schrecken. Man muß es studieren. Aber
vermitteln? Was sollten wir da vermitteln?
Deutschland sperrt allem, was nicht in sein ideo-
logisches Schatzkästlein paßt, die Grenzen, nicht
nur die äußeren, auch die innern. Beide beauf-
sichtigt die Geheime Staatspolizei. Deutschland
wünscht, seine eigenen geistigen Produkte auszu-
führen, aber keine andern hineinzulassen, es sei
denn, sie glichen den seinen wie die Eier der gleichen Henne (die sie auch oft genug sind).
So kann das Elsaß nichts andres tun, als bewah-
ren, was es an altem deutschen Gut besitzt und
sich von Frankreich mehr denn je aneignen, und
zwar mit Leidenschaft, was es in seiner freiheitli-
chen, aufgeschlossenen und zugleich tief konser-
vativen Eigenart bestärkt.

Daß dies geschehe, ist mein Wunsch zu einem Fest, das unter dem Zeichen der Worte steht: „Friede auf Erden und den Menschen ein Wohlgefallen."

August

Das ist bei uns daheim ein gewaltiger Monat.
Die Wiese dröhnt vom Gesang der Bienen. Die
Goldparmänen reifen.
Morgens, wenn der Baum sich im Frühlicht plu-
stert und die Nachtfeuchte abstreift, hängen die
Äpfel dickköpfig da und verstopfen sich alle
Poren gegen die im Winde schaukelnden Sirenen-
gesänge. Sie wollen vom Hochsommer und seiner
Lustbarkeit nichts wissen . . . Ihre Zeit ist noch
nicht da.
Selbst am Mittag, den das Steinobst auf der
Maultrommel und die Birnen mit lustigem Ge-
klingel feiern, bleiben sie kühl, ja, die Musik und
der begleitende Singsang der Wiesen scheinen sie
zu ärgern. Je höher die Wellen der mittäglichen
Kirmess schlagen, um so tiefer verkriechen sie
sich in den Schatten — kaum, daß die im Blätter-
dickicht wühlende Sonne einen Zipfel ihres gold-
braunen Rockes erwischt.
Im Zenit schwebt eine einzige kleine Wolke, rund
wie ein Ballon. Sie steigt höher und höher und
lockert sich zusehends . . .
Ich muß ins Dorf.
Links, hinter den spärlichen Bäumen (beim Anlegen der Straße haben sie auf dieser Seite nur die
hundertjährigen Riesen stehen lassen), stürzt der
Himmel in die Ebene ab, und da ich die Ebene
von hier nicht sehen kann, ist es ein Sturz ins
Bodenlose — aufregend, wie wenn man auf der
Schaukel aus der Höhe zurückfährt . . .

Rechts ist tiefer Laubwald. Ein Wind, auf der Straße nicht spürbar, bewegt die Wipfel der Bäume. Die Bäume stehn so dicht, daß man den Himmel nicht sieht. Ihr Laub verbreitet ein grünes, bis tief ins Unterholz dringendes Licht. Wie feurig muß der Himmel auf dem Wald liegen, daß alles hier unten so durchsichtig ist! . . . Ein Eichhörnchen bewegt sich darin wie hinter Glas. Wenn ein Vogel singt, sind es wenige, ganz innige Töne, ohne rechte Verbindung. Sie fallen vom Baum, kleine, runde Worte aus einem Traum.

In all der Helligkeit stehn einzelne Tannen. Sie schwenken ihre Äste und werfen mit düsteren Schatten um sich.

Die Goldziffern der Kirchenuhr verschwimmen zu einem einzigen Ring. Er muß glühend heiß sein, denn die Zeiger, die hineinragen, schmelzen von der Spitze herab. Man kann die Zeit nicht ablesen.

Aber da schlägt es drei — aus dem Kühlraum der Kirche . . .

Wir stehn im Zeichen des Löwen, und obwohl keine Rede davon sein kann, daß der Löwe aus seinem Käfig ausbricht, halten die Menschen sich in den Häusern verborgen . . .

Ein Huhn, daß über die Straße geht, hebt die Beine, als schreite es auf einem glühenden Rost. Die Wolke im Zenit verschwindet — ein Gärungsdämpflein, das durch den Spund entweicht . . .

Die Ebene hat die Grundfarbe des Himmels angenommen, den Satz seiner Bläue, ein dunkles Lila.

*

Eines Nachts ging ich in den Mond bis zu einer Bank, von der man über ein kleines, vielfach bewegtes, aber rundum geschlossenes Tal blickt. Die Bank steht neben einem niedrigen Steinkreuz am Waldrand.

Es ist ein wunderbarer Platz zum Alleinsein, zum Schauen und jener tieferen Art von Schau: dem Horchen . . . Der Mond hielt noch hinterm Wald, ich konnte ihn nicht sehen. Um so inbrünstiger leuchtete in der Schale des Tälchens die Nacht. Tief um die Bäume gesammelt hingen die Wiesen im Abgrund. Obenauf schwamm der kleine Friedhof.

Die Mauer, die in einer Ecke das Gebeinhaus hielt, stieg unvermittelt aus den Wiesen. Die Gräber waren ihnen nicht fremder als der gepflügte Acker dem unaufgebrochenen Weidestück daneben — vom Kreis der Berge, über den Rand eines unerschöpflichen Brunnens, strömte die Stille.
Die schmiedeeiserne Tür war immer angelehnt, immer schien gerade jemand den Friedhof verlassen zu haben, aber nie hatte ich hier einen Menschen getroffen. Die Gräber waren gepflegt in der Art der winzigen Bauerngärten, nicht zu viel, nicht zu wenig. Für jede Jahreszeit stand eine Staude bereit und dazu die eine oder andere Sommerblume.

Hier wollte ich ruhen, bis die Posaunen des ewigen Sommers mich weckten.

*

Hier war es auch, wo ich einmal das Gras wachsen hörte.

Erinnert ihr euch, wie anno 1931 der Frühling ankam?

Er kam sehr spät, aber dann in einer Sturzsee von Grün. Als die Überschwemmung mit Frühling die Vorberge erreicht hatte und die Flut stillstand, blies noch einmal der Föhn darüber, und die Weite glänzte vom Gischt eines bewegten Meeres. Das waren die Obstbäume, die dieses Jahr alle auf einmal blühten!

Freilich hatten die Kirschen einen kleinen Vorsprung, aber die andern holten ihn so schnell ein, daß man es kaum merkte . . .

Eines Morgens lag dichter Nebel über der Ebene. Da begannen die Glocken zu läuten, und ich sah eine Ortschaft nach der andern aus den Fluten tauchen, sie blitzten mit ihren Fenstern und Dächern, und als die Glocken ausgeläutet hatten, herrschte eine Stille, als ob das Land den Atem anhielte in übergroßer Beglückung. Zum erstenmal besaß die Sonne die Erde. Ein Hahn krähte ängstlich. Der Amsel blieb das Lied in der Kehle stecken.

Am Mittag desselben Tages standen alle Bäume zwischen Schwarzwald und Vogesen auf ihrem trächtigen Sommerschatten.

Gegen Abend regnete es. Ich lehnte am Stamm eines Apfelbaumes und glaubte zu sehn, wie das Gras in die Höhe schoß. Warum auch nicht? Alles in der Natur wächst ruckweise. Jedenfalls *hörte* ich es wachsen.

Unterm Regen sirrte und knisterte es — die zarten Halme bogen sich unter den Wassertropfen und schnellten in die Höhe, sobald der Tropfen abfiel, und dabei rieb sich eins am andern.

Bald darauf schien die Sonne, und ein Wind stellte sich ein, der machte den Gräsern Bewegung, damit sie besser wüchsen, und brachte nebenbei das Rosa im Weiß der Apfelblüten zum Schäumen.

Allmählich vernahm ich, wie auch das Trocknen der Gräser in der Sonne einen Laut gab. Es war das zarteste Geräusch, das es gibt — das Flüstern einer Haut, die sich zusammenzieht . . .

*

Ist es Heimweh, was mich die Schalmei blasen läßt — ungeachtet der strengen Zeit, in der die Hirten selbst sich vorsorglich nach einer Gasmaske umsehn? Mich hat man ja meiner rechtmäßigen Heimat nicht beraubt, sie ist mir zugänglich, ich kann jeden Tag ins Elsaß fahren . . . Das Kriegsgespenst, mit dem wir wachen und schlafen, läßt das Heimweh weit über das Örtliche und Zeitliche hinauswachsen, es wird zur Sehnsucht nicht so sehr nach einer verlorenen als nach einer neuen, besseren Welt. Ging es, genau betrachtet, nicht schon immer recht bösartig zu auf unserm Planeten? Der Friede ist nicht unsre Erbschaft. Du mußt ihn täglich gewinnen, und er gilt nur für dich, nur für dich . . .

,,Poème à faire: L'Année de Paix 1699" schrieb Alfred de Vigny in sein Tagebuch. ,,Ce fut la seule année où le monde n'eut aucune guerre". Ein

Jahr ohne Krieg? Metzeleien gab es jedenfalls in dem Jubeljahr genug. Wenn der 1699 zu Karlowitz mit den Moslems geschlossene Friede ein Geschenk an Europa war, weil er Österreich-Ungarn zur Großmacht erhob und die asiatischen Eindringlinge an den Rand unseres Erdteils zurückdrängte, so setzte zur gleichen Zeit Europa in Gestalt der Ostindischen Kompagnie seinen Vormarsch nach Asien fort und massakrierte zielbewußt weiter — von geringeren Händeln zu schweigen, deren Opfer nicht geneigt gewesen sein dürften, den großkalibrigen Maßstab gutzuheißen, den die Geschichtsschreiber anlegen, sei es aus Mangel an Phantasie, oder weil der Umfang der Greuel sonst unübersichtlich würde. Die Geschichtsschreibung arbeitet nur für bessere Leute. Sie ist die „Haute couture" des Verbrechens, sie bringt die mörderische Geschäftigkeit der Erdbewohner in eine gefällige Form und bleibt, gleich ihrer harmlosen kleinen Schwester, der Mode unterworfen. Der Lump von gestern kommt heute als prächtiger Edelmann daher, der Heilige als Zuhälter, der Analphabet als Gelehrter und umgekehrt. Die Mode ist nicht uneigennützig, sie wird von wenig sichtbaren, aber gefräßigen Mächten bestimmt. Schweigen wir davon! Überlassen wir es den Fachleuten, die Toten für die Mit- und Nachwelt herzurichten, sie zu kleiden und zu schminken! . . . Von Heinrich dem Schweigsamen, wird ein tapferes Wort überliefert: „Nicht ist nötig zu hoffen, um zu unternehmen, noch Erfolg zu haben, um standhaft zu bleiben."

*

August, das hieß in meiner Jugend: die großen
Ferien. Wir verbrachten sie zwischen Wiesen,
von denen wir wußten, sie waren abgründig be-
lebt, und eines Tages wanderten die Wiesen auf
Leiterwagen davon, aber was von ihnen übrig-
blieb, das duftete süßer, heimlicher als das Heu,
und abends, beim Einschlafen, legte sich der Geruch wie Balsam auf die nackte Brust. Wir streif-
ten durch Wälder, stolz darauf, als Wegweiser
nur die Sonne über den Wipfeln der dichten Bäume zu kennen. Manchmal senkte sich ein Strahl
in das Zwielicht hinab gleich dem Wanderstab
eines Gottes, der mit uns wanderte, zu Häupten
vom Jubel der Vögel und der ewigen Heiterkeit
des Himmels begleitet . . . Wir schwammen in
Bächen, an deren Ufern wir im Frühling, als der
Saft ins Holz gestiegen war, aus dem Zweig der
Weide eine Flöte geschnitten hatten — jetzt gab
die Weide Schatten und sang im Wind. Und zwischen alledem, am Waldrand, in den Wiesen,
vom Arm eines anmutig strömenden Flusses um-
schlungen, oft unsichtbar für den Fremden, waren Sperrforts, Batterien, Festungen und erinner-
ten uns an den Krieg.
Von klein auf mußten wir daran denken. Es ging
gar nicht anders. Unsere Brüder dienten bei den
Deutschen, unsere Vettern bei den Franzosen. So
stand der Krieg mitten in der Familie, die Feindschaft, die wir nicht wahrhaben wollten, die auch
weder wahrhaftig noch erwünscht war, sie saß
leibhaftig an unserm Tisch. Nichts hätten wir lie-

ber vergessen, und wir strengten uns auch sehr an, es zu tun. Wir flohen ins Freie. Wir spielten, lasen, musizierten. Und wenn wir uns auch nicht klar darüber waren — die Leidenschaft, womit wir der höheren Wirklichkeit des Geistes nachgingen, selbst im nichtssagenden, aber so inbrünstigen Spiel, sie kam von der über uns verhängten Drohung. Das Gefühl der Ohnmacht verwandelte sich in einen Trotz, der uns für die Außenstehenden schwer umgänglich machte. Wir wehrten uns gegen den Gewissenszwang. Heute nennt man ihn Konformismus oder Gleichschaltung. Wir kannten sogar das Absurde, uns selbst einander gleichzuschalten. Wer einen ,,Feind'' abschreiben ließ, beging Hochverrat, wer sich vom gegnerischen Indianerstamm einen Band Karl May auslieh, erwies sich als käufliches Subjekt, und der Geist des Klans verlangte, daß man ihn auf Grund der eigenwilligen Handlung der schwärzesten Anschläge verdächtigte.

Ja, manchmal kommt es mir vor, als hätten wir Grenzmenschen schon immer in der Emigration gelebt. (Es gibt auch ,,innere'' Grenzmenschen, wie es eine ,,innere'' Emigration gibt). Sind wir inzwischen klüger geworden? Es leben in der Emigration ausgezeichnete Menschen, die glauben, dem Schicksalsgenosse, der nicht genau pariert, ,,totaler'' kommen zu müssen als Goebbels und sein Kollege Alfieri. Verläßlichen Nachrichten zufolge lassen die doch den einen oder andern laufen, der sich nicht zum Gebrauch des neueren Heldendeutsch versteht, der nicht als Veteran der 10. Legion auftritt, um in die Saiten zu greifen . . . Übrigens tun auch diese halbwegs Freigelassenen ihren Dienst. Ein gutes Gedicht, ein schönes Stück Prosa — müssen sie nicht in der Gewöhnlichkeit der Umgebung nach den Früchten des Paradieses duften?

Wir dachten immerfort an den Krieg. Gegen Ende der Ferien oder gleich danach fanden die „großen Manöver" statt. Auf den Landstraßen marschierten, fuhren, ritten Soldaten, nachts wachten wir auf, weil über das Pflaster Kanonen ratterten. Es kam Einquartierung. Freundliche, meist ältere Offiziere bemühten sich, mit meiner Mutter französisch zu parlieren. Es waren noch nicht die totalen Manöver, und als der Alptraum wahr wurde, als der Krieg, der bei uns wohnte, endlich ausbrach, war es noch nicht der totale Krieg, noch nicht . . . Es war der Abschluß einer *verhältnismäßig* zivilisierten Epoche, der Zeit zwischen dem Sturze Metternichs und dem Weltkrieg, in der, neben der Ideologie der Gewalt, soviel menschlicher Edelmut zu reifen schien, es war erst der Beginn des Absturzes in die älteste Barbarei. Aber schon ließ sich erkennen, wozu für den Fall, daß die Gewalt die Oberhand bekäme, der Fortschritt in Wissenschaft und Technik des neunzehnten Jahrhunderts im zwanzigsten dienen würde. Die Ernte aus der Saat, die mit den vornehmsten Namen der Menschheit bezeichnet wird, sie heißt Vernichtungskampf, sie heißt Teufelei, heißt Irrsinn . . . Kaum hatte der Professor Picard die Stratosphäre erreicht, da konnten wir in einem Militärwochenblatt eine Untersuchung lesen, wie weit man schießen könnte, wenn es ge-

länge, die Granate bis in die Stratosphäre zu
schleudern.

*

Nun lebe ich an der Küste des Mittelmeeres. Es
gibt keine Laubwälder, und von den goldschatti-
gen Pinien gehn jährlich Tausende in Flammen
auf. Die Flüsse sind umständliche Rinnsale, die
ein Gewitter für Stunden mit Wasser füllt, dann
verwandeln sich die sonst völlig ausgetrockneten
Bäche in Stromschnellen und reißen ganze Ufer-
stücke mit. Wie heiter, mit Licht behangen über
und über sind die rheinischen Pappeln! In den
Zypressen nisten schwarze Gedanken, die kräch-
zen ganz anders noch als die Raben. Die spärlichen Wiesen verbrennt der Juni. Auf den Bergen
ruht mit fast schmerzender Klarheit das Licht.
Sie sind so deutlich, wie nur der Stein sein
kann. . .

Von meinem Platz sehe ich auf einen alten,
mächtigen Ölbaum, die windbewegten Blätter
flimmern. In seinem Schatten liegt eine undeutli-
che Gestalt, und da es heißer Mittag ist, kann ich
mir einbilden, es sei der alte, nichtsnutzige Pan,
der da schläft. Die Querflöte liegt neben ihm, sie
klingt dennoch weiter, die Sonne, die im Laube
spielt, berührt sie, hin und her, mit leuchtenden
Lippen. Es ist nicht das Ohr, das die Töne ein-
läßt, sie nehmen ihren Weg durch die Erde und
steigen in die Kreatur empor. Ein Tumult sonder-
gleichen entsteht in der Brust: Wohin mit all der
Wildheit? Wofür die tiefe Trauer!. . . Doch

brauche ich nur aufzustehen und mich umzublicken, da kommt aus der klaren Ordnung der Landschaft Maß und Wert der Dinge von selbst auf mich zu. Daß alles, was uns entsetzt und beglückt, schon andern geschah, hindert nicht, daß jeder von uns einmalig da ist — und daß er sein *darf,* was sein Herz begehrt, solang es *fühlen* kann: ein Sänger, ein Drachentöter, ein Befreier, ein Teilhaber am kommenden Sieg. Denn der Sieg ist niemals das Werk eines einzelnen. Wer zur Stunde des großen Glockenschlags als Sieger genannt wird, in dessen Hand haben sich die Siege zahlloser andern versammelt, und wer kann sagen, ob nicht einer von den vielen, die keiner nennt, das vielleicht winzige Gewicht auf die Waage tat, das die eine Schale beugte, damit die andre sich steil aufrichten und das Gelingen anzeigen konnte?

Wir wollen das Heimweh pflegen, das kleine, das die Schalmei bläst und das für manchen von uns in den Ferienmonaten aufleben mag, wie sonst nie, und das große, das uns in den Gewittern der Zeit befällt. Das eine Gefühl birgt das andre wie die Blüte die Frucht.

Die Welt wird nie vollkommen sein. Vollkommenheit lebt nur im Glauben, wovon die Kunst das schönste irdische Teil ist. Was aber würde aus der Welt ohne die unstillbare Sehnsucht des Menschen nach Vollkommenheit!

Anmerkungen

Abschwur

Erstveröffentlichung in: *Die weißen Blätter,* Juni 1919. 1920 als Prolog zum Schauspiel *Am Glockenturm,* 1927 als Prolog zur umgearbeiteten Neuauflage des Schauspiels *Hans im Schnakenloch. Werke* III, S. 15.

Schickeles Credo des Pazifismus, der gewaltlosen, inneren Revolution. Das Gedicht sei programmatisch auch dieser Essaysammlung vorangestellt.

Schicksal

Erstveröffentlichung in: *Das Tribunal,* August/September 1919; *Die weißen Blätter,* Oktober 1919. Wiederaufgenommen als Vorwort zu der Neuauflage der Essaysammlung *Schreie auf dem Boulevard,* 1920. *Werke* III, S. 277.

Der Text wurde im Zusammenhang mit dem Ende des 1. Weltkriegs und der Novemberrevolution verfaßt. Thematische Schwerpunkte: persönliches Schicksal in überpersönlicher Bedeutung, scharf ironische Darstellung der Zeit vor dem 1. Weltkrieg im „Reichsland Elsaß-Lothringen" und Verurteilung des Wilhelminischen Militarismus, Satire der Zustände im wieder französisch gewordenen Elsaß, Lösung des elsässischen Problems in einer europäischen, sozialistischen Völkergemeinschaft. Der Essay steht noch im Zeichen von Schickeles sozialistischer Utopie.

„In unserem Rebberg". . .: der Rebberg der Familie Schickele in Mutzig (Unterelsaß). Die Landschaft mit den deutschen Festungsanlagen erscheint hier in expressionistisch-dämonisierender Darstellung.

„Anläßlich des Zaberner Spektakels". . .: der Zabernfall 1913, zurückgehend auf einen Vorfall in der Kaserne in Zabern (Beschimpfung elsässischer Rekruten durch einen preußischen Leutnant), der sich dann zur Staatsaffäre ausweitete und oft als drastisches Beispiel des Wilhelminischen Militarismus angeführt wurde.

Das ewige Elsaß

„Erschien zum größten Teil in der *Neuen Rundschau,* Märzheft 1927. Auszüge daraus (überarbeitet) gleichzeitig in der *Revue des Vivants* (Juliheft 1929) des Senators Henry de Jouvenel und im ersten Morgenblatt der *Frankfurter Zeitung* vom 15. Juli 1929." (Anmerkung Schickeles)
Der Essay wurde in die 1932 veröffentlichte Essaysammlung *Die Grenze* aufgenommen. *Werke* III, S. 589.
Das ewige Elsaß ist Schickeles bedeutendste essayistische Auseinandersetzung mit dem elsässischen Problem, und zwar im Zusammenhang mit den politischen Spannungen im Elsaß der Nachkriegszeit, dem Konflikt zwischen der französischen Assimilationspolitik und den autonomistischen Bewegungen. Der Text bringt zuerst einen historischen Rückblick, in dem es darum geht, Schickeles anti-nationalistische These zu beweisen, „es habe von Anbeginn ein eigenartiges, niemals ganz französisches, niemals ganz deutsches Elsaß bestanden." Der 2. Teil kommt eingehend auf die Zeit des „Reichslands Elsaß-Lothringen" zurück, in der die Elsässer „gewisse Rechte und Freiheiten" erwerben konnten, die sie dann 1918 beim Einzug der Franzosen aufgaben. Der 3. Teil fügt die Darstellung eines Fests zu Ehren des Malers Heinrich Ebel ein, das zur ersten Manifestation der wieder ausschlagenden „elsässischen Wurzel" wurde. Der Essay mündet in die Forderung einer elsässischen „Doppelkultur". Der Ton ist für Schickeles Verhältnis zur elsässischen Situation kennzeichnend: zugleich satirische Distanz und schmerzliche Betroffenheit.

116

Maurice Barrès: nationalistischer französischer Schriftsteller (1862—1923).
Zahlreiche Anspielungen auf Namen der zeitgenössischen elsässischen Politik, u.a. Abbé Wetterlé (1861—1931) und Pierre Bucher (1869—1921), Verfechter der französischen Assimilationspolitik; Camille Dahlet (1883—1963), progressiv-autonomistischer Abgeordneter und Freund Schickeles.

Erlebnis der Grenze

Rede, gehalten am 28. Juni 1928 auf der Tagung der rheinischen Dichter. *Werke* III, S. 999. Auszüge.
Den zeitgenössischen Hintergrund bilden wieder die Spannungen zwischen Assimilation und Autonomismus im Elsaß. Anläßlich des ,,Autonomistenprozesses" (Colmar, 1928) wurde Schickele vom Generalstaatsanwalt als ,,ennemi notoire de la France" erwähnt. Der sozialistische Abgeordnete Salomon Grumbach veröffentlichte darauf eine Verteidigung Schickeles: ,,Lui, haïr la France? Il est un des rares Alsaciens qui la connaisse, qui la connaisse à fond, qui connaisse ses vins et ses provinces, son histoire et sa littérature, sa figure et son âme, et qui l'aime en sachant pourquoi. Y a-t-il d'autres Français qui la connaissent mieux que lui?" *(La Revue des Vivants,* Juli 1929)

Aus einem Brief

Brief aus Badenweiler vom 3. 1. 1931 an einen elsässischen Pfarrer mit Namen René Schickele. *Werke* III, S. 1154.
Der Brief zeigt besonders deutlich Schickeles Einstellung dem elsässischen Problem gegenüber, seine Auffassung der deutsch-französischen ,,Vermittlerrolle" des Elsaß, zugleich seine Skepsis in den damaligen Zeitbedingungen.
,,Hesnard, Henri Lichtenberger, Felix Bertaux: Pariser Ger-

117

manisten. — Alfred Kerr (1867—1948), Schriftsteller, Theater-kritiker am *Berliner Tageblatt,* später im Exil in London. — Theodor Wolff, Mitbegründer der *Freien Bühne* in Berlin, 1889, später Chefredakteur des *Berliner Tageblatt,* lebte nach 1933 in Nizza im Exil, wurde im Krieg in ein deutsches KZ verschleppt, wo er starb. — Walther Rathenau (1887—1922), Industrieller, Schriftsteller, deutscher Außen-minister, ermordet.'' (Anmerkungen in *Werke* III)

Erlebnis der Landschaft

Erschienen in der Essaysammlung *Himmlische Landschaft,* 1933. *Werke* III, S. 547.
,,Als ich hierher kam''. . .: Schickele zog 1922 nach Baden-weiler in das durch den Architekten Paul Schmitthenner er-baute Haus. Erinnerung an das enttäuschende Erlebnis der deutschen Revolution und an die Lebenskrise der Nach-kriegszeit. Neugeburt in der grenzüberschreitenden aleman-nischen Landschaft. Geographische Lage Badenweilers und symbolische Bedeutung: Mitte zwischen Norden und Süden, dem Germanischen und Romanischen; symbolischer Ort der ,,Vermittlung''.
,,Philesius'': Philesius Vogesina (Matthias Ringmann), elsässischer Humanist und Dichter (1482—1511). ,,In Hebels Gedichten'': Johann Peter Hebel, Begründer der alemannischen Mundartdichtung (1760—1826). ,,In Tho-mas Bildern'': Landschaftsmaler des Schwarzwalds (1839—1924).

Weihnachtswunsch 1933

Aus: *L'appel,* Straßburg, Dezember 1933. Folgende Erklärung wurde von der Redaktion vorangestellt: ,,Il y a quelques jours, les dépêches d'Allemagne annonçaient que sur l'ordre des autorités hitlériennes, on venait de brûler les livres de René Schickelé, le seul écrivain alsacien d'importance qui se soit établi outre-Rhin après la guerre. De Nice, où il vit depuis 1932, René Schickelé a bien voulu adresser à *L'Appel* son souhait de Noël. Nous l'en remercions." *Werke* III, S. 1007.

Der Text verbindet die Problematik des Pazifismus und das elsässische Problem. Er zeugt von Schickeles später Entwicklung und seiner inneren Zerissenheit. Dem Nationalsozialismus gegenüber muß er schmerzlich die Grenzen des Pazifismus erfassen und die Unmöglichkeit seines Ideals der deutsch-französischen Vermittlung erleben.

Vgl. Schickeles Brief vom 18. 1. 1940 an Thomas Mann, der seine letzte Haltung und Entscheidung dokumentiert:

,,Die Welt teilt sich in zwei Lager, und das ist gut. Sie werden immer deutlicher, immer kräftiger hervortreten, und da es nicht mehr zu leben lohnte, wenn der Ungeist siegte, so mag es denn der furchtbare Kampf auf Tod und Leben werden *über alle Begriffe hinaus*, die wir bisher von derartigen historischen Entscheidungskämpfen zu machen pflegten. Der Kampf wird extra muros et intra auszufechten sein. Es ist der *Welt-Bürgerkrieg.* Ich will lieber völlig unterliegen, als nur mit halbem Herzen bei einer Partei zu sein, mit geteilten Gefühlen ihrem Sieg beizuwohnen, zur Feier eine Fahne aufzuziehn, die für mein innerstes Empfinden auf der Masthälfte stecken bliebe. Zum ersten Mal in einem Leben bin ich Konformist und fühle mich ganz und gar auf der rechten Seite. Ich bin gläubig, wie der große Pasteur es zu sein wünschte: mit der Kraft und der Ausdauer eines bretonischen Bauern. Ich glaube an unser Recht und unsern Sieg." (*Werke* III, S. 1263)

August

1937 in Nizza geschrieben, veröffentlicht in der von Thomas Mann gegründeten Zeitschrift der deutschen Exilliteratur

Maß und Wert, Heft 1, Zürich 1937. Nicht in die Werkausgabe 1959 aufgenommen. Neu veröffentlicht durch Maryse Staiber in *Revue alsacienne de littérature*, Nr. 10, Straßburg 1985 (mit einem Nachwort: *Pages oubliées de René Schickele).* Der Essay verbindet frühere Texte mit einer späteren Lebensrückschau und Meditation über die Geschichte. August ist der Geburtsmonat Schickeles ,,im Zeichen des Löwen" (Vgl. *Werke* III, S. 580). ,,Das ist bei uns daheim" . . .: poetisch stilisierte Erinnerung an die elsässische Heimat. ,,Eines Nachts ging ich" . . . ,,Hier war es auch" . . .: Erinnerung an Badenweiler. ,,Hier wollte ich ruhen" . . .: der schon in *Himmlische Landschaft* ausgesprochene Wunsch, auf dem Friedhof zu Lipburg bei Badenweiler begraben zu werden.

Zeittafel zu Leben und Werk René Schickeles

1883   4. August: Geburt René Schickeles in Oberehnheim (heute Obernai) als Sohn des Kantonskommissars und Weingutbesitzers Jacques Antoine Schickele und seiner Ehefrau Marie Elise Férard.

·1902   In Straßburg Gründung der Zeitschrift *Der Stürmer* (Juli—November) und des „Stürmer-Kreises" mit Otto Flake, Bernd Isemann, Johannes Leonardus (Hans Koch), Alfred Lickteig, René Prévôt, Ernst Stadler, Hermann Wendel u.a. *Sommernächte, Pan,* Gedichte.

1903   Zweiter Versuch einer Straßburger Kulturzeitschrift: *Der Merker* (3 Nummern).

1904   Schriftleitung der Zeitschrift *Das neue Magazin* in Berlin (Juli—Dezember). 30. August: Heirat mit Anna Brandenburg.

1905   *Mon Repos*, Gedichte; *Voltaire und seine Zeit,* Essay.

1906   *Der Ritt ins Leben*, Gedichtsammlung.

1907/8 Übersetzungen: Flaubert, *Madame Bovary;* Balzac, *Die Lilie im Tal, Die verlassene Frau. Die geistigen Übungen des Ignatius von Loyola*, Einleitung und Herausgabe.

1909   *Der Fremde*, Roman.

121

1909/10	Zeitungskorrespondent in Paris. *Weiß und Rot*, Gedichte.
1911/12	Chefredakteur der *Straßburger Neuen Zeitung*. *Meine Freundin Lo*, Roman.
1913	Übersiedlung nach Fürstenberg/Mecklenburg. *Schreie auf dem Boulevard*, Essaysammlung. *Das Glück*, Erzählung.
1914	*Benkal, der Frauentröster*, Roman. *Trimpopp und Manasse, Die Mädchen*, Erzählungen. *Die Leibwache*, Gedichte. Bei Kriegsausbruch: Umzug nach Berlin. Niederschrift des Dramas *Hans im Schnakenloch*.
1915	Herausgeber der Zeitschrift *Die Weißen Blätter*. Veröffentlichung des Dramas *Hans im Schnakenloch*. *Mein Herz, mein Land*, Gedichtsammlung. *Aïssé*, Erzählung. Emigration in die Schweiz.
1916/18	Herausgabe der Zeitschrift *Die weißen Blätter* in der Schweiz. Erstaufführung (1916) und Verbot durch die deutsche Militärzensur (1917) des Dramas *Hans im Schnakenloch*. Herausgabe der Reihe *Europäische Bibliothek* und der Anthologie *Menschliche Gedichte im Krieg*.

November: Berlin. Teilnahme an der Novemberrevolution.

1919 Schickele wird als Elsässer französischer Staatsbürger.
Die Genfer Reise, Essaysammlung.
Der 9. November, Essay.
Gründungsmitglied der deutschen Sektion von ,,Clarté, internationale de la pensée'', Paris.
Übersiedlung nach Uttwil am Bodensee (Schweiz).

1920 Ende von Schickeles Tätigkeit als Herausgeber der *Weißen Blätter*.
Am Glockenturm, Die neuen Kerle, Komödien.
Weiß und Rot, Gedichte (2. vermehrte Auflage).

1922 *Wir wollen nicht sterben*, Essaysammlung.
Umzug nach Badenweiler.

1925/31 *Das Erbe am Rhein*, Romantrilogie: *Maria Capponi* (1925), *Blick auf die Vogesen* (1927), *Der Wolf in der Hürde* (1931).
Symphonie für Jazz, Roman (1929).
,,Verbesserte und endgültige Ausgabe'' von *Hans im Schnakenloch* (1927).
Mitglied der Preußischen Akademie der Künste (1925).
Mitglied des ,,Comité d'honneur'' der ,,Société des écrivains d'Alsace et de Lorraine'' (1927).

1932 *Die Grenze*, Essaysammlung.

	September: Abreise nach Südfrank-reich. Aufenthalt in Sanary-sur-mer.

September: Abreise nach Südfrank-
reich. Aufenthalt in Sanary-sur-mer.
1933   *Himmlische Landschaft*, Essays.
Die Witwe Bosca, Roman.
Ausschließung aus der Preußischen
Akademie der Künste.
Dezember: polizeiliche Abmeldung in
Badenweiler.
1934   Umzug nach Nice/Fabron.
1935   *Liebe und Ärgernis des D. H. Lawrence,*
Essay.
Beschlagnahme und Verbot von
Schickeles Büchern in Deutschland.
1937   *Die Flaschenpost*, Roman.
1938   Übersiedlung nach Vence.
Le Retour, Prosa und Lyrik in französischer Sprache.
1939   *Das Vermächtnis*, Deutsche Gedichte
von Walther von der Vogelweide bis
Nietzsche. (Diese Anthologie wurde
durch Kriegseinwirkung zerstört. Spä-
tere Ausgabe: 1948).
1940   31. Januar: Tod René Schickeles in
Vence.
Aus dem Nachlaß: *Grand'Maman, Der
Preuße,* Romanfragmente (Veröffentlichung: 1959); *Das gelbe Haus*, Erzählung (Veröffentlichung: 1956).
1956   Überführung der sterblichen Hülle
René Schickeles von Vence auf den
Friedhof zu Lipburg bei Badenweiler.

Elsässer, Europäer, Pazifist

Studien zu René Schickele
Adrien Finck / Maryse Staiber (Hrsg.)

280 Seiten, 34 Dokumente und Abbildungen
ISBN 3-88571-094-3

Zum Buch

René Schickele (1883—1940), geboren im ,,Reichsland Elsaß-Lothringen'', gehörte zu den führenden Figuren des *Expressionismus* und war im Ersten Weltkrieg Herausgeber der pazifistischen Zeitschrift *Die weißen Blätter*. 1918 wurde er als Elsässer französischer Staatsangehöriger, ließ sich aber geistig über den Grenzen in Badenweiler nieder und war *einer der anerkannten Schriftsteller der Weimarer Republik*. Schon im Herbst 1932 verließ er Deutschland vor dem drohenden Nationalsozialismus und begab sich nach Südfrankreich als einer der ersten Autoren der *Exilliteratur*. Zugleich wandte sich der von Kindheit an Zweisprachige der französischen Sprache zu.

Seltsamerweise gehört er heute zu den Verkannten der deutschen Literatur. Der vorliegende Band bringt *eine aktuelle Wiederentdeckung des bedeutsamen Schriftstellers, Pazifisten und Vorkämpfers Europas*.

,,. . . René Schickele war ein leidenschaftlicher und kritischer *Pazifist*, der sich gegen jede ideologische Vereinnahmung des Pazifismus erhob. Als sich das Gewaltregime des Nationalsozialismus ausbreitete und der 2. Weltkrieg ausbrach, fühlte er sich (wie er an seinen Freund Thomas Mann schrieb), ganz und gar auf der rechten Seite', denn er wußte, daß der einseitige Verzicht auf jede Gewalt die restliche Welt zum Helotendasein verurteilt hätte und daß es sich ,nicht mehr zu leben lohnte, wenn der Ungeist siegte'. . . Das Werk darf in mehrfacher Hinsicht als *ein Markstein* bezeichnet werden . . .''

Steffen Radlmaier/Nürnberger Nachrichten

Inhalt:

A. Finck: *Schickele und das ,,geistige Elsässertum''* / J.W. Storck: *Schickele und die Revolution* / M. Godé: *Schickeles Pazifismus in den ,,Weißen Blättern''* / J. Meyer: *Schickele und Romain Rolland* / Ch. Fichter: *Schickele et l'autonomisme alsacien* / M. Staiber: *Die Botschaft Schickeles im Roman ,,Die Witwe Bosca''* / J.J. Schumacher: *,,Trompe-la-Peur'', Bemerkungen zu einem unveröffentlichten Fragment aus Schickeles letzten Schaffensjahren* / F. Kniffke: *Schickeles Sprache in ,,Le Retour''* / R. Matzen: *Die elsässische Mundart Schickeles* / A. Finck: *Erbe und Gegenwart — Zur Situation der deutschsprachigen Literatur im Elsaß seit 1945.* / Zeugnisse und Erinnerungen (M. Alexandre, L.E. Schaeffer, A. Weckmann) / Diskussionsbeiträge / Zeittafel zu Leben und Werk.

Der Herausgeber

Adrien Finck, Professor der Germanistik an der Université des sciences humaines de Strasbourg. Wissenschaftliche Veröffentlichungen: *Georg Trakl* (1973), *Introduction à l'oeuvre de René Schickele* (1982), *Die deutschsprachige Gegenwartsliteratur im Elsaß* (1987), zahlreiche Aufsätze zur deutschen und elsässischen Literatur, Übersetzungen (Claude Vigée). Herausgeber der Anthologien *Nachrichten aus dem Elsaß* (I: 1977, II: 1978), *Nachrichten aus dem Alemannischen (1979), Neue Nachrichten aus dem Elsaß* (1985); Mitherausgeber des Bands *Elsässer, Europäer, Pazifist — Studien zu René Schickele* (1983). Mundartdichtungen: *Mülmüsik* (1980), *Hàndschrift* (1982); in Hochdeutsch: *Fremdsprache* (1981), *Der Sprachlose* (1985). Straßburg-Preis 1974; Preis der Joseph-E.-Drexel-Stiftung, Nürnberg 1975; ,,Goldene Brezel'' für elsässische Literatur, Straßburg 1980; ,,Oberrheinischer Kulturpreis'', Basel 1983.

Adrien Finck

Der Sprachlose

Eine Geschichte mit Zeichnungen von Tomi Ungerer

EDITION MORSTADT Taschenbuch, Band 4
120 Seiten, 10 Federzeichnungen
ISBN 3-88571-136-2

Die Geschichte eines jungen Dichters, der sterben mußte, weil er keine Sprache hatte . . . Sie verbindet Biographie und Collage, Hochdeutsch und Mundart, Tragik und Humor.

Es ist zugleich die Geschichte eines lange zwischen Deutschland und Frankreich zerrissenen Landes. Sie spiegelt ein Stück europäischer Geschichte wider. Sie geht uns alle an.

Der weltberühmte Tomi Ungerer, der selber in der Erzählung auftritt, hat seine satirischen Zeichnungen hinzugefügt.

Tomi Ungerer, 1931 in Strasbourg geboren, Kunsthandwerker-Schule, ging 1956 als freier Grafiker nach den USA und siedelte 1970 nach Kanada über. Seit 1976 lebt er mit seiner Familie in Irland, wo er in einer abgelegenen Gegend unweit des Atlantiks Schafe züchtet und Ideen sammelt.

In den USA stieg er sehr schnell zu den führenden Grafikern des Landes empor. Vor allem seine Plakate brachten ihn ins Rampenlicht. 1965 wurde er mit der goldenen Medaille für die beste Illustration ausgezeichnet.

Trotz dieser Erfolge: am liebsten zeichnete er — Satirisches für Life, die New York Times oder Mode für Harper's Bazar. Ungerer illustrierte weit über 100 Bücher für deutsche, französische und japanische Leser, vor allem Kinderbücher. Die höchste Auflage erzielte bisher sein „Großes Kinderbuch", eine umfangreiche Sammlung von Volks- und Kinderliedern seiner Heimat. Das Buch hat heute eine verkaufte Auflage von weit über einer halben Million.

MORSTADT VERLAG KEHL STRASBOURG BASEL